ORTEGA Y GASSET
DIE SCHRECKEN DES JAHRES EINTAUSEND

RECLAM
Bibliothek

PHILOSOPHIE
GESCHICHTE · KULTURGESCHICHTE

José Ortega y Gasset

DIE SCHRECKEN DES JAHRES EINTAUSEND

Kritik an einer Legende

Reclam-Verlag Leipzig

Aus dem Spanischen übersetzt von Ulrich Kunzmann
Herausgegeben und mit einem Kommentar
von Steffen Dietzsch

ISBN 3-379-01448-6

© Reclam-Verlag Leipzig 1992
Ausgabe mit freundlicher Genehmigung von Frau Soledad Or-
tega, Madrid
Originaltitel: Los terrores del año mil

Reclam-Bibliothek Band 1448
1. Auflage, 1992
Umschlaggestaltung: Friederike Pondelik unter Verwendung
eines Farbholzschnittes von HAP Grieshaber
Printed in Germany
Satz: INTERDRUCK Leipzig GmbH
Druck und Binden: Ebner Ulm
Gesetzt aus Garamond-Antiqua

Anmerkungen zu den legendären Schrecken des Jahres eintausend

In der Geschichte des Mittelalters gibt es eine Seite, die wie kaum eine andere suggestiv und bedrohlich wirkt. Sie schildert eine jener Zeiten, da die Menschheit unter schlimmster Bedrückung und Angst litt. Einige Historiker sind von der Fülle tatsächlicher Nöte ausgegangen, um den Zauberteppich einer Legende zu knüpfen: Diese nimmt an, die Menschen hätten im zehnten Jahrhundert die lebenserhaltenden Tätigkeiten aufgegeben und wären als braune Scharen in die friedliche und geheimnisvolle Wunderwelt der Klöster geflohen. Diese im fünfzehnten Jahrhundert entstandene Legende hat all jene beschäftigt, die über mittelalterliche Geschichte geschrieben haben; und gerade die wortgewaltigsten Autoren haben sich ihr voller Vergnügen und eingehend gewidmet, sie mit neuen phantastischen Einzelheiten ausgeschmückt. Hieraus erklärt sich, daß diese Tradition, obwohl es ihr so sehr an beweiskräftigen Quellen fehlt, sich weiter erhalten hat und bis in die jüngste Zeit nicht widerlegt wurde. Seltsam ist, daß so gewissenhafte und sich derart bedächtig äußernde Männer wie Taine sie anerkannt haben.

Nach meiner Ansicht gibt es hierfür einen der stärksten Gründe, auf den sich eine Idee berufen kann, um weiterzubestehen. Die Legende über das Jahr eintausend ist vollständig unwahr; ihren Vorstellungen liegen keine wirklichen Tatsachen zugrunde. Indes waren derartige Tatsachen durchaus möglich; ja noch mehr: Von allem, was jemand verallgemeinernd über Geschichtspsychologie denken könnte, ließe sich der Gemützustand, der im zehnten Jahrhundert in Frankreich herrschte, mit nichts anderem besser erklären als mit den angeblichen Ängsten vor dem Weltende.

Auf den folgenden Seiten wollen wir hierzu nähere Angaben machen. Diese Ausführungen sind kein Kapitel der Geschichte Frankreichs, nicht einmal eine summarische Aufzählung der politischen Ereignisse in der betreffenden Epoche, sondern lediglich einige Anmerkungen, bestimmte allgemeine Gesichtspunkte über das zehnte Jahrhundert. Damit wollen wir versuchen, das Leid und die Trostlosigkeit zu veranschaulichen, die das französische Volk damals wegen seiner überaus harten Existenzbedingungen empfand.

Deshalb werden wir zunächst über die allgemeine Lebensweise der Adligen und Mächtigen sprechen; hierauf über die der Kleriker und Mönche, über Staat und Kirche. Anschließend werden einige Vertreter jener Epoche kurz vorgestellt, die gleichsam Blüten sind, wie sie jenes historische Klima hervorbrachte: Robert der Fromme, Berta und Konstanze, Fulco Nerra, Gerbert und der Chronist Glaber. Was diese Persönlichkeiten dachten, taten und empfanden, interessiert uns am meisten, wobei wir ihren privaten und sogar, soweit das möglich ist, geistigen Leistungen den Vorzug vor den sachlichen und öffentlichen geben.

Sobald wir, Michelet folgend, die intensivste Formulierung der Legende wiedergegeben haben, werden wir zuletzt zeigen, daß für sie zuverlässige Angaben fehlen und es eine große Zahl von Beweisen gibt, die gegen deren Richtigkeit sprechen und die der kritische Historiker entdeckt.

Die Schrecken des Jahres eintausend sind also nicht wahr; zumindest waren sie nicht so allgemein, wie man behauptet hat; indes liefern sie die zweckmäßigste Erklärung, die man über jene Epoche geben könnte.

I

Stellen wir uns wenigstens andeutungsweise vor, wie hart, maßlos elend und von schmerzhaften Geburtswehen gepeinigt das Leben in jener Epoche war, das schließlich im Feudalismus feste Form annehmen sollte.

Heute können wir nur, wenn wir uns eingehend um eine Unterscheidung bemühen, jenen Gefühls- und Geisteszustand nachgestalten, weil die Grundlage unseres Lebens etwas Beständiges und Endgültiges ist; die wesentlichen Institutionen sind vollkommen festgelegt, rechtlich bestätigt und anerkannt; die wirtschaftlichen Entwicklungen nehmen einen regelmäßigen Verlauf; die Wissenschaft hat die glückliche Unschuld verloren und unterliegt nicht der Willkür jedes beliebigen groben und primitiven Irrtums, der entschlossen und geschickt vorgetragen wird. Und das alles ist derart fest begründet und genau bestimmt, daß es gar die Gemüter derjenigen beunruhigt, die stürmische Ereignisse, das Eingreifen des „Deus ex machina", dunkle Gedanken, mit einem Wort, alles Kraftvolle lieben; diese Bedeutung haben nach meinem Verständnis die Anarchisten in Politik, Kunst und Wissenschaft, die gegen den gesetzmäßigen, kein Auf und Ab und keine Fallstricke des Daseins kennenden Lauf der Dinge protestieren.

Und wenn es unter den recht wirren Idealen solcher Geister eines gibt, das die Zukunft prägen und die Gesellschaft verändern kann, so existieren gegenwärtig derart viele andere gesellschaftliche Bedingungen, die klar und unumstößlich sind, daß uns die Wahrscheinlichkeit eines Wandels bei einer bestimmten Ordnung der Umstände ängstigt.

Doch in dem unheilvollen Jahrhundert, über das ich sprechen möchte, und ganz besonders in Frankreich, geschieht das Gegenteil: Institutionen, Gefühle, Anschauungen, Wirtschaftsleben, Gelehrsamkeit, alles befindet sich in einem unklaren Zustand, am Beginn seiner Entwicklung, und es gibt keinen Ort, dem sich der Geist in der Gewißheit zuwenden kann, daß er dort Ruhe findet. Die Staatsgrenzen verändern sich beinahe täglich, die Lehenspflichten nehmen plötzlich zu oder ab; heute gibt es einen Oberherrn, und morgen muß man einem anderen gehorchen; und es kommt sogar vor, daß jemand als freier Mann zu Bett geht und als Leibeigener aufwacht. Traurig jammert er: „Wer bin ich? ... Ich habe den ersten Turm aufgebaut, ich habe meinen Boden verteidigt und mein Heim verlassen; tapfer bin ich ausgezogen, um den heidnischen Normannen entgegenzutreten ... Ja noch mehr: Ich habe das Flußufer befestigt und das Schwemmgebiet urbar gemacht, ich habe die Erde selbst geschaffen, wie Gott, der sie den Wassern entriß. Wer soll mich von diesem Land vertreiben?"

„Niemand, mein Freund", sagt ihm sein Nachbar, der Grundherr, „man wird dich nicht von diesem Land verjagen. Du sollst es weiter bestellen, indes auf eine ganz andere Weise. Bedenke, daß du so leichtsinnig warst, Santiaguea zu heiraten, ein junges Mädchen, die Leibeigene meines Vaters war. Erinnere dich an den Grundsatz: ‚Wer mein Huhn liebt, ist mein Hahn.' Daher gehörst du zu meinem Hühnerhof. Leg das Schwert ab. Von heute an bist du mein Leibeigener."

„Nichts hiervon ist Erfindung. Der Comte d'Avesnes fühlte sich angesichts einer solchen Schmach dem Tode nahe; alles Blut stieg ihm ins Gesicht; seine Augen glühten; seine Lippen, deren Stummheit von schrecklicher Beredsamkeit war, ließen die Versammelten erbleichen. Voller Entsetzen traten alle einen Schritt zurück. Er war tot. Seine Venen waren geplatzt, und seine Arterien spritzten den Herren das heiße Blut an die Stirn."

Derart dramatisch stellt Michelet dar, was in den Verhältnissen des Mittelalters am grausamsten war: die Ungewißheit der persönlichen Lage, die schreckliche schiefe Ebene, die den „freien" Mann zum „Vasallen", den Vasallen zum „Diener" und den Diener zum „Leibeigenen" werden läßt. Bei der kleinsten Unachtsamkeit macht man auf dieser Ebene einen Schritt, dann noch einen und noch einen; man ist ein Fremdling („avena", „aubain"), „épave" [Herrenloser, Ausländer], „gibier" [Wild], „sauvage" [Wilder], „serf" [Leibeigener] und „mort" [Toter]. Obgleich es heute darauf ankommt, die Lage der Leibeigenen in dieser Epoche für erträglicher zu halten, als man sich vorstellen könnte, wird doch der „mainmortable" [der dem Recht der ‚toten Hand' Unterworfene] – der Mann, der nichts ist und nichts besitzen darf, dessen Leben nur eine Münze wert ist – immer eine beängstigende und leidvolle Gestalt sein.

Und wenn es diese Ungewißheit bei der persönlichen Lage gibt – wie unklar und wechselhaft werden dann alle anderen Formen der gemeinschaftlichen Existenz sein! Sobald man Betrachtungen über das zehnte Jahrhundert anstellt, darf man also nicht vergessen, daß es außer den harten Bedingungen eines halbbarbarischen Lebens, der Pest, den Kriegen und den Hungersnöten, eine schreckliche Ursache für Leid und Angst gibt, die uns heute vollständig unbekannt ist: die allgemeine Ungewißheit, das Vorherrschen des Zufälligen in der Politik, im Recht, im persönlichen Leben, in der Wirtschaft und in den Moralvorstellungen. Wenig später konsolidieren sich allmählich die Staaten, die Herrschaftsgebiete werden abgegrenzt, die gegenseitigen Abhängigkeiten geklärt und rechtlich anerkannt; somit versiegt diese Leidensquelle, und das Leben wird ruhiger und weniger hart. Im zwölften Jahrhundert ist der Feudalismus voll herausgebildet, und daher kann Gaston Paris [S. 30] sagen: „Der Name, den wir dem Mittelalter gegeben haben, läßt erkennen, wie sehr es in Wirklichkeit eine Übergangszeit war; und was es gleichwohl am tiefsten kennzeichnet, ist seine Vorstellung von der Unveränderlichkeit der Dinge. Die Antike ist, vor allem in ihren letzten Jahrhunderten, vom Glauben an einen ständigen Niedergang beherrscht; die Neuzeit wird seit ihren Anfängen vom Glauben an einen unbegrenzten Fortschritt beseelt. Das Mittelalter hat weder diese Verzweiflung noch diese Hoffnung gekannt. Für die Menschen dieser Zeit war die Welt von jeher genau so, wie sie diese sahen […], und das Jüngste Gericht würde sie gleich vorfinden."

II

Damals nimmt der Feudalismus feste Gestalt an, jener komplizierte Zustand Europas, der beinahe vier Jahrhunderte dauern sollte. Der Boden ist als Belohnung für den Mut verteilt. Der Tapferste macht sich zum Herrn der großen Besitzungen; um ihn scharen sich die weniger Starken mit ihren kleineren Ländereien, und um diese scharen sich die ärmlichen Kolonen, die Patrocinati; diese sinken nach und nach zur Stellung von „pene servi" [beinahe Hörigen] und von Leibeigenen herab, die wie ein Baum oder ein Stein an die Scholle gebunden sind. „Die Gesellschaftsordnung", sagt Martin, „ist nichts anderes als eine Hierarchie von Ländereien im Besitz von Kriegern, die sich in unterschiedlichem Grad aufeinander stützen und dabei eine Kette bilden, die vom zinnenbewehrten Haus des einfachen Edelmanns ausgeht und sich bis zum königlichen Festungsturm erhebt."

Schnell schließen sich die Staaten zusammen und trennen sich, vereinnahmen sie andere oder werden selbst vereinnahmt, sprunghaft bewegen sich die gegenseitigen Grenzen der Marken und der Herzogtümer; ein Edelmann erobert in wenigen Jahren eine Markgrafschaft, er steigt zum Herzog auf und sinkt in seinem Sohn wieder zum ursprünglichen Stand eines Edelmanns herab. Der König selbst ist nicht der stärkste und auch nicht der sicherste Herr. Robert der Fromme kämpfte zeitlebens mit Herzögen, seinen Untertanen, um die Grenzen Frankreichs zu verteidigen.

Ruhelos führen sie Kriege und ziehen auf Eroberungen aus; der Überraschungsangriff ist eine Kurzweil; Politik wird mit dem Schlachtschwert gemacht. Durch die Geschichte des zehnten Jahrhunderts bewegt sich unermüdlich, kämpferisch und wild auf Scharmützel versessen ein großer Herr, der Theobald der Betrüger genannt wird, eine repräsentative Persönlichkeit.

Und es gelingt nicht, sich diesem Leben zu entziehen, in dem man die Muskeln anspannen muß und die immer wieder aufgerissenen Wunden ständig bluten, wenn man nicht auf alles verzichtet. Wer sich in solchen Zeiten nicht rührt und keine Schläge austeilt, geht unter und verschwindet. „Im Ideal der Feudalzeit", setzt Martin hinzu, „ist alles, was nicht zur militärischen Hierarchie gehört, genau so, als existiere es nicht, und steht außerhalb der politischen Gesellschaft." Es ist der große Tag des zweiten Standes, der Tag der Krieger. Der Klerus kann diesem Zwang zu kämpfen nicht vollständig entgehen, der die Herzen zerfrißt und aufschreckt, und häufig wendet er sich von den friedlichen, besänftigenden und opiumartigen Grundsätzen des Christentums ab und greift zu den Waffen der Starken.

Während des zehnten Jahrhunderts gleicht das Land Frankreich einem von Gespenstern und Poltergeistern heimgesuchten Gemäuer. Wenn man jenes Zeitalter in der Ferne der Geschichte betrachtet, so erscheint es dunkel und mysteriös, von inbrünstigen Seelen bevölkert, die, da leibliche Ängste sie bedrängen, sich an alles Übermenschliche, alles Wunderbare als einzige Heilshoffnung klammern. Der Kampf ums Dasein ist schrecklich und unverhohlen, mehr als in Griechenland, mehr als in Rom. Man läßt nur einen Unterschied zwischen den Menschen gelten: die Muskeln. Heute gibt es die Starken und die Schwachen; nichts sonst. Die List ist in Rom gestorben und wurde noch nicht wiedergeboren.

Der Feudalherr ist der Stärkste inmitten seiner Vasallen: Deshalb ist er zum Herrn aufgestiegen. Die Ritter sind mächtig, weil sie tapfer sind: Sie verdienen den Vorrang. Die gemeinen Bauern sind feige und leiden.

Im Jahre 997 versuchen die Bauern in der Normandie, sich zusammenzuschließen, um ihre Herren besiegen zu können. „Die Herren", sagen sie, „fügen uns nichts weiter als Übel über Übel zu; niemals können wir gegen sie recht bekommen. Tag für Tag eignen sie sich unser Vieh an und nehmen hierfür Grundzinsen und Dienstleistungen als Vorwand. Warum finden wir uns mit unserem Unheil ab? Wir sind Menschen wie sie; unsere Gliedmaßen sind wie die ihren beschaffen; wir haben ein ebenso großes Herz! Nur der Mut fehlt uns! Kämpfen wir vereint, und wir werden uns befreien. Wir sind zahlreich genug, um jedem ihrer Ritter vierzig Männer entgegenzustellen." Die Unterdrückten erkennen die Tapferkeit ihrer Bedrücker an.

Diese Macht, die mit wildem Mut erobert wurde, wird nun direkt über den Boden ausgeübt. „Zwei Prinzipien", erklärt ein französischer Historiker, „prägen den Feudalismus: Land und Schwert, Reichtum und Kraft; von diesen zwei Prinzipien hängt alles ab, und ihnen wird er alles übertragen, sie vereinigen und identifizieren sich; deshalb ist es notwendig, Land zu besitzen, um Herr des Schwerts zu sein (das heißt, um das Recht zum Krieg und die Pflicht zu haben, das Schwert zugunsten und im

Namen des Oberherrn zu schwingen, dem das Land untersteht)." Dies trifft so sehr zu, daß – wie im ursprünglichen Rom die Unverletzlichkeit des Landes nichts anderes war als die Ausweitung der Unverletzlichkeit des Menschen, des Staatsbürgers – hier der Mensch nur durch das Land etwas gilt; er ist die personifizierte Erde. Der Wechsel der Familiennamen ist eines der charakteristischen Zeichen des Feudalismus; die gallisch-germanischen Namen waren, wie die der Griechen und Römer, Namen von Rassen und Stämmen, wirkliche Familiennamen, mit einem Wort, Personennamen; die Namen der Feudalzeit sind hingegen Orts- und Sachnamen.

Das Land bestimmt also die Stellung des Menschen und vereinnahmt ihn; die Scholle, der Boden, prägt die Persönlichkeit. Die ganze Feudalverfassung dreht sich um dieses Axiom: „Nulle terre sans seigneur"; kein Land ohne Herrn.

Die Rechtsgrundlage ist demzufolge in dieser Zeit das Lehen [feudum], wie es der Kauf im römischen Recht war. Auf diese Grundlage ist entweder direkt oder in fiktiver Form das ganze gesellschaftliche System ausgerichtet. „Überall", sagt Glasson [S. 179], „war man bemüht, die Lehensverfassung auf die verschiedenartigsten Rechte anzuwenden. Man ging so weit, daß man ‚als Lehen' das Recht vergab, geringfügige Einkünfte zu beziehen; zum Beispiel zwanzig, dreißig oder vierzig Sous im Jahr." Als Rechtsvertreter des englischen Königs erhielt Accursio jährlich vierzig Mark, die ihm als Lehen ausgesetzt waren. Erwähnt wird der Fall eines Herrn, der seinem Koch ein Häuschen und ein Stück Land als Jahreslohn gewährte und das Ganze als Lehen, „feodum de coquina", bezeichnete. Man könnte eine Vielzahl von derartigen eindrucksvollen Beispielen anführen; doch wir haben genug gesagt, um zu zeigen, daß man schließlich alles als Lehen vergab, Land, Gebrauchsrechte, Wegegebühren, Gerichtsstellen, Zölle, Einkünfte, Ämter. Brussel (in: „Usage général des fiefs") [„Der allgemeine Gebrauch der Lehen"] versichert, daß alles zum Lehen wurde, um die Zahl der Personen zu erhöhen, die zum Kriegsdienst verpflichtet waren. Hieraus geht klar hervor, daß sich alles der feudalen Form anpaßte, weil man sie für die vollkommenste Grundlage hielt und weil sie den Vorzug hatte, die Menschen durch das Mittel der Unterordnung miteinander zu verbinden.

Und was ist nun das Lehen? Der bereits erwähnte Glasson beschreibt dessen Ursprung und Wesen äußerst einleuchtend. Das Wort „feudum" [Lehen] hatte in den alten Sprachen des Nordens einen Wert, der dem lateinischen Begriff „peculium" [Vermögen; „Viehbesitz"] genau entsprach; es bezeichnete nämlich im Althochdeutschen, Friesischen, Angelsächsischen und Langobardischen die Viehherde und gleichzeitig das Vermögen, das ganz persönliche Eigentum, den Besitz schlechthin.

„Aus den fränkischen Institutionen des neunten Jahrhunderts geht das Lehen hervor; die Gefolgsleute scharen sich um den Führer und tragen verschiedene Namen: Sie heißen ‚Buccellarii' bei den Westgoten oder ‚Gazzindi' bei den Langobarden oder auch ‚Vassi' bei den Franken. Der Führer war der ‚Senior' [Seigneur]; und man erinnert sich an den Beschluß des Kaisers Karls des Kahlen im Jahre 847, der allen seinen Untertanen gebietet, sich einen ‚Senior' zu suchen. Dieser Rechtsakt wurde ‚Kommendation' [Empfehlung] genannt; indes war er damals eine Bindung von Person zu Person, selbst wenn der ‚Vassus' ein Geschenk des Herrn erhalten hatte. Der westgotische ‚Buccellarius' konnte in jedem Fall die Bande der Kommendation zerreißen, indem er zurückgab, was er erhalten hatte, vorausgesetzt, daß er hierfür keinen unpassenden oder für den Herrn gefährlichen Zeitpunkt wie etwa während eines Krieges auswählte. Es läßt sich nicht sagen, daß das Band der Kommendation unbedingt beim Tod eines Vertragspartners zerriß. Jedoch veränderte sich diese Beziehung zwischen dem ‚Vassus' und dem ‚Senior' teilweise und bekam ein neues Wesen, als der Schutzherr demjenigen ein Stück Land gab, der zu seinem Mann wurde. Bisher hatte die Kommendation ein rein persönliches Band geschaffen, sie schloß nicht unbedingt das Vorhandensein einer Schenkung ein, und wenn es diese gegeben hatte, so konnte sie in mehr oder weniger wichtigen beweglichen Gütern bestehen; jedenfalls bedeutete dies nur etwas Zusätzliches, das anläßlich der Kommendation stattfand, jedoch nicht ihr Grund war.

Beim ‚Beneficium' [„Wohltat"; Lehen] hingegen wird das Land zum Rechtsgrund für die Verbindung, die zwischen dem Vasallen und seinem Herrn besteht. Es war ein im Römischen Reich sehr gut bekannter Brauch, daß den Soldaten ein ‚Beneficium' genanntes Stück Land zugewiesen wurde. Als sich die Könige und die Großen in Gallien festgesetzt hatten, vergaben sie Ländereien als Beneficium, um sich Hilfe und Gehorsam zu sichern; vielleicht auch, um das schon erwähnte Kapitulare Karls des Kahlen auszuführen, boten die Besitzer von Allodien, also von Freigütern, diese einem ‚Senior' unter der Bedingung an, daß er sie ihnen als Beneficium zurückgäbe. In beiden Fällen lag der Verbindung ein Eigentumsrecht zugrunde. Nun ist aber das Beneficium die direkte Quelle des ‚Feudum' [Lehens]; das eine geht, wie man sagen kann, in das andere über, und lange Zeit waren diese zwei Begriffe synonym."

Ursprünglich bestand das eigentliche Lehen in der Vergabe eines Besitzes als Gegenleistung für den Kriegsdienst und andere Pflichten, und später wird Dumoulin es definieren als „concessio rei immutabilis, libera et perpetua" [unabänderliche, freie und beständige Verleihung einer Sache]. Diese Verleihung war in einigen Fällen die Folge einer aufrichtig empfundenen Freigebigkeit der Könige. Die Archive der Abteien enthalten eine Fülle von Dokumenten über derartige Schenkungen. In anderen Fällen war der Grund hierfür, wie wir bereits angeführt haben, der Wunsch, die Heeresstärke zu erhöhen.

Während des zehnten Jahrhunderts wandeln sehr viele Eigentümer von Allodien, wegen der obengenannten juristischen Fiktion, ihren Besitz in Lehen um, und einige mächtige Herren in Burgund verüben wirkliche Gewalttaten, um die Widerspenstigen zu dem gleichen Schritt zu zwingen. Außerdem konnte man ein Lehen durch Krieg, Konfiskation, Übertragung, Verkauf usw. erwer-

14

ben. In dem von uns behandelten Zeitraum werden allmählich auch einige Lehen erblich; doch bis zum zwölften Jahrhundert wird dieses Recht nicht verallgemeinert: Die ersten Kapetinger wollten hartnäckig verhindern, daß sich in bestimmten Grafschaften das Prinzip des Erbrechts auf den Gütern durchsetzte.

So ist die Institution des Lehens beschaffen. Neben ihr gab es eine andere Form des Landbesitzes: die „censive", ein gegen Grundzins überlassenes ländliches Besitztum. Das Lehen war eine adlige Institution, und nur ein Edelmann konnte dessen Herr sein; der gemeine Bauer durfte Landbesitz lediglich als Erbpächter erwerben. Welchen Unterschied gab es hierbei? Beide waren zwar einem Oberherrn unterstellt; beide waren auf immer verliehen worden; das Lehen indes setzte den Treueid und eine gewisse Teilhabe an der Macht voraus, und es bedeutete eine vornehme Stellung. Der Erbpächter hingegen erkannte an, daß er selber ein Eigentümer zweiter Klasse war, er mußte dem Herrn einen Zins bezahlen und war lediglich der Besitzer des Nießbrauchs, während ein anderer der direkte Besitzer war. Seine Rechtspersönlichkeit ist also etwas unklar; sein Land hatte zwei Herren, und er hatte nicht den geringsten Anteil an der Ausübung der Gerichtsbarkeit.

Indes waren die einen und die anderen freie Männer; unter ihnen fristete ein bedrücktes, mißachtetes Volk, das sie auf den Schultern trug, kümmerlich sein Leben: die Unfreien, die ewigen Lasttiere der Geschichte. Wir wollen zu ihnen einige Hinweise geben, ohne auf andere untergeordnete Besitzformen einzugehen, wie etwa die sogenannten „Terrage", „Amestic", „Mainterme", „Bordelage" usw., die von geringer Bedeutung für einen Überblick sind, wie wir ihn in derart großen Zügen über das zehnte Jahrhundert geben möchten.

Wir haben gesehen, daß dem Feudalbesitz die Stellung des Adligen entsprach und dem Acker- oder zinspflichtigen Besitz die des Bauern. Der Leibeigene war noch etwas enger mit dem Land, mit der Scholle – der „gleba" – verbunden, er war ein Teil des Erdbodens; ein unzerstörbares Wurzelwerk von Gesetzen hielt ihn auf der

Scholle fest, und jeder Befreiungsversuch war vergebens. Nur der gute Wille des Herrn konnte ihn retten, indem er ihn aus der Hörigkeit entließ; die allgemeine und im großen Umfang erfolgende Entlassung aus der Leibeigenschaft begann jedoch erst im zwölften Jahrhundert. Im zehnten Jahrhundert nun erscheint die Leibeigenschaft als juristischer Begriff vollständig unbestimmt. Sie weist zahlreiche Grade auf, und Glasson sagt, man könnte behaupten, daß es einen größeren Unterschied zwischen zwei Leibeigenen als zwischen einem Bauern und einem Herrn gegeben hätte. „Taillable et corvéable à merci", unbedingt zins- und fronpflichtig; dieser Leitgedanke bildet zusammen mit dem bereits erwähnten anderen – „kein Land ohne Herrn" – die Angelpunkte, um die sich das gesamte mittelalterliche Leben dreht. Dem Leibeigenen erlegt man so viele Pflichten auf, wie man will, man drangsaliert ihn, man treibt ihn, man macht aus ihm eine Arbeitsmaschine. Ohne Erlaubnis des Herrn darf er nicht die Weihen empfangen, ohne dessen Einwilligung darf er nicht heiraten; da seine Kinder unfrei geboren werden, sind sie Eigentum des Herrn, und wenn die Eheleute zu unterschiedlichen Herrschaften gehörten, entstanden daraus Händel und Streitigkeiten. Im allgemeinen richtete sich die Lage der Kinder nach jener der Mutter.

Dennoch waren sie etwas mehr als der römische Sklave: Der Leibeigene war rechtsfähig, und demzufolge konnte er Eigentum erwerben, wenn es sich nicht um Adelsbesitz handelte; wie berichtet wird, durfte er allerdings nur einen bestimmten Wert testamentarisch hinterlassen, der sich zwischen fünf und sechzig Sous bewegte.

Während des elften und zwölften Jahrhunderts wird ihre Lage geklärt; da wir indes nicht beabsichtigen, allgemeine Betrachtungen über das Mittelalter anzustellen, sehen wir uns gezwungen, diesen Punkt nur annähernd verständlich zu machen. Wir können lediglich sagen, daß die Hörigkeit wie in allen vorhergehenden Jahrhunderten das Los des Besiegten ist; daß die Herren die Anarchie mißbrauchen und vielen freien Männern diese Form der Knechtschaft aufzwingen; daß Besitzer von kleinen Ländereien sich an die Scholle binden lassen, damit sie Schutz finden; und daß schließlich der häufigste Ursprung der Leibeigenschaft in der Geburt besteht. Und Roy fügt hinzu: „Zwischen den Freien (den Städtern und Bauern) und den Leibeigenen gab es Zwischenschichten, deren Stellung unentschieden zwischen Freiheit und Knechtschaft schwankte, so etwa den ‚Liten‘ [Halbfreien], der zum Eigentümer aufsteigen kann, selbst wenn er einen Herrn hat, dem er Steuern zahlen muß; die ‚Kolonen‘, die an bestimmte ‚Consuetudines‘ [„Gewohnheiten"], von alters her gebräuchliche Steuern] gebunden sind, die das Recht haben, über ihre Güter zu verfügen, und die nicht der ‚toten Hand‘ unterworfen sind; die ‚Hôtes‘, die ‚Cagots‘, ‚Caceux‘, ‚Cagneux‘ ..., die ‚Colliberti‘, die im allgemeinen keinen Bedingungen unterliegende Leibeigene waren und sich in einer Lage befanden, die derjenigen der Freien nahekam, denn in bestimmten Urkunden lesen wir von freigelassenen Leibeigenen, die zu Colliberti werden, usw."

Doch wie in diesem Jahrhundert alle, die Tributzahlungen zusagten oder die Kommendation durch „die Haarsträhne" und nicht durch „die Lanze und die Handvoll Gras" vollzogen, nach und nach zum Stand von Kolonen und Gemeinen herabsanken, waren ebenfalls viele Leibeigene in den Rang von Kolonen aufgestiegen, und obgleich sie an die Scholle gebunden blieben, erkannte man ihnen eine bestimmte Form des Eigentums und Vermögensbesitz zu, wobei dieses Vermögen den verschiedenen Landstrichen entsprechend offenbar zwischen fünf und sechzig Sous schwankte. Andere ließen sich als Leibeigene an die Kirchen binden, und unter dem sanfteren Schutz des Evangeliums wurde ihr Leben relativ erträglich, und man nannte sie nicht „Servi", sondern „Oblati".

III

Wie wir schon gesehen haben, erheben sich stolz die Herren über der Menge der Leibeigenen und Bauern. Die Herren haben den Staat mit ihrem Schwert geschaffen: Sie müssen täglich kämpfen, um ihn zu vergrößern oder zu verteidigen. Da die unglücklichen Landleute ständig einer tödlichen Bedrohung ausgesetzt sind, schließen sie sich jenem Mann immer enger an, der sie von den schlimmsten Leiden befreien kann. Somit erstarken die Macht und die Oberherrschaft des Kriegshäuptlings, und er wird anmaßender, weil er weiß, daß er unentbehrlich ist. In den festen Mauern seines Burgturms sinnt er ständig über neue Kriegszüge nach.

Wir wollen kurz das Aussehen einer derartigen Adelsburg schildern. Auf einer Anhöhe, vielleicht über einem Fluß, inmitten von ein paar armseligen Lehm- oder Luftziegelhütten mit Schieferdächern, erhebt sich grobschlächtig und düster das „Castellum"; es wird von einem Zaun umgeben, und wenn es sich um die Burg der mächtigen Herzöge der Normandie oder Burgunds handelt, ist außer dem Zaun noch eine Mauer von geringer Höhe vorhanden. Im Inneren ist ein Graben, mit dunklem, schlammigem Wasser, ein wonniger Ort für Frösche und alles andere Getier, das sich im Morast wohl fühlt.

Wir setzen den Fuß auf die Zugbrücke, die auf dicken Pfählen ruht. Wenn wir über die Schwelle getreten sind, wird die Brücke an Ketten oder dicken Seilen hochgezogen. In diesem Moment vernehmen wir eine sonderbare Mischung von Hof- und Kasernengeräuschen: Wir befinden uns im Burghof, der „Curtis". Ein paar Hühner pikken in den Ecken; ein Gänseschwarm erhebt sich in die Luft und macht dabei ohrenbetäubenden Lärm; ein Soldat reinigt seine Waffen, und ein Bauer, der in seiner groben Tracht steckt, putzt das Pferd des Herrn, wozu er groteske und schelmische Dorflieder singt. Vielleicht hören wir auch die gemessenen Schritte eines Priesters, der sich im Gebet ergeht.

In der Mitte dieses Hofs, dessen Mauern drei- oder viermal mannshoch sind – es sind endlose Mauern, deren Stirnseiten einen oder mehrere Zinnenkränze tragen –, erhebt sich der Bergfried, die Wohnstätte des Herzogs oder Grafen und seiner Mannen; hinter diesem Turm, der im allgemeinen auf einer natürlichen Erhebung errichtet und manchmal bis zu achtzehn Meter hoch ist, steht gewöhnlich eine Kirche, in der die Kanoniker leben und wo der Gottesdienst abgehalten wird. An bestimmten Stellen befinden sich die Eingänge zu den unterirdischen Galerien.

Der Bergfried oder Hauptturm („dunio", von „dunium", Anhöhe) ist das Herz dieses ganzen riesigen Bauwerks mit den ungeheuren Gliedmaßen, das die umliegenden Felder majestätisch und furchterregend, drohend und schutzgewährend, grausam und hilfsbereit zu überschatten scheint. Im Erdgeschoß befindet sich hin und wieder eine Wohnung; doch gewöhnlich dient es nur als Stall und Vorratskammer. Auf einer Freitreppe steigt man in den ersten Stock hinauf; dort befindet sich der Waffensaal, die „Aula", ein sehr großer Raum, in den tagsüber kaum und nachts noch weniger Licht gelangt, weil Talg so teuer wie Fleisch ist. Die Steinwände sind beinahe vollständig kahl; hier und da sieht man alle möglichen Waffen, Panzerhemden, Äxte, eiserne Streitkolben, Schwerter, Pfeile und Bogen hängen; Bänke umgeben einen großen Holztisch; an seinem Ende ist ein schwerer und breiter Armsessel auf einer Estrade und unter einem Baldachin dem Seigneur vorbehalten, der ihn nur seinem Oberherrn überlassen würde. An einer Wand hängen die Schilde der Ritter, die der Fahne des Burgherrn folgen. Der Fußboden war im allgemeinen aus Stein; man achtete lediglich darauf, daß die Fugen der Quadersteine während des Sommers mit duftenden Kräutern und in der Winterszeit mit Stroh bedeckt wurden. Eine kleine Tür verband diesen Raum mit einem engeren anderen, wohin sich der Seigneur zurückziehen konnte, um auszuruhen. Im zweiten Stock wohnten dessen Familie und die hohen Würdenträger und im dritten schließlich die Kriegsleute und das übrige Burggesinde.

Dies ist in einer Wohnstätte das höchste Maß an Bequemlichkeit, das man in dieser Epoche beanspruchen konnte; freilich wäre heute ein tüchtiger Arbeiter nicht zufrieden, wenn man ihn zwingen wollte, ähnlich zu leben. Und trotzdem lebten so die mächtigsten Männer des zehnten Jahrhunderts: die Herzöge der Normandie,

Aquitaniens und Burgunds; die Grafen von Flandern, von Toulouse, der Champagne, von Anjou, Artois, Nevers und der Bretagne.

Nach ihnen kommen andere und nach diesen wieder andere in einer äußerst komplizierten Hierarchie; sie alle sind jedoch roh und ungebildet, haben einen kraftstrotzenden Körper und eine überaus anmaßende Sinnesart.[1]

Die gegenseitigen Beziehungen sind derart streng geregelt, daß der Adlige vollständig vom Bauern getrennt lebt und seinem Sohn den Gedanken einschärft, daß er sich von dem Bauern fernhalten müsse, als besudele ihn dessen Gegenwart. Überdies berücksichtigte man den jeweiligen Rang selbst bei der Auswahl der Ammen; ein Königssohn mußte von einer Herzogin gesäugt werden, ein Herzogssohn von einer Gräfin und so weiter.

Sehen wir nun, welche Rechte diese hohen Landbesitzer hatten.

In einer genau festgelegten Rangordnung hängen die einen von den anderen ab, und vom letzten Edelmann bis zum König existiert eine Kette aus festen Gliedern, die mit dem Lehnseid geschmiedet wird. Damit man diese Zeremonie vollziehen kann, gilt bei den an ihr teilnehmenden Personen die Freiheit als notwendige Vor-

---

[1] Frotmund, der Graf von Sens, hatte seinen Sohn Reinhard zum Erben eingesetzt. Dieser machte sich unbeliebt, weil er die Juden schützte, von denen er viel Geld erhalten mußte: Schließlich nannte man ihn sogar „Rex Judæorum" [„Judenkönig"]. Die Streitigkeiten und Feindseligkeiten zwischen seinem Vater und dem Erzbischof Liétry gingen weiter; den Prälaten trafen die schlimmsten Beleidigungen, und als das heilige Meßopfer zelebriert wurde, antwortete der Graf auf den liturgischen Gruß des Erzbischofs mit der ungebührlichsten Geste. „Ille vultum avertens in posterioribus suis pacem offerebat." [„Jener wandte das Gesicht ab und entbot den Friedensgruß mit der Kehrseite."] – *Recueil des historiens de la France,* Band X. – *Chronique de Saint Pierre le Vif* [in Sens]. – Dieser Band enthält nahezu alle Geschichtswerke aus dem betreffenden Zeitraum und vor allem die fünf Bücher der Chronik des *Radulphus Glaber;* von ihr gibt es eine weitere Ausgabe, die Prou veröffentlicht hat und die als letzte erschienen ist; Paris, Picard, 1886. [Anm. des Autors, der hier Pfister, S. 261 u. S. 337, referiert.]

bedingung; diejenigen Männer, die dem Herrn huldigen wollen, müssen also Freie sein. „Die Lehnshuldigung [hommage]", erklärt der „Grand Coutumier de Normandie", „ist das Gelöbnis, treu die rechtmäßigen und notwendigen Dinge zu achten und Rat und Hilfe zu gewähren. Und derjenige, der den Lehnseid leistet, muß seine Hände ausstrecken und in die jenes Mannes legen, der diesen Eid empfängt, und die folgenden Worte sagen: ‚Ich werde Euer Mann und verpflichte mich, Euch gegen alle zu verteidigen, unbeschadet meiner Treue zum Herzog der Normandie.'"

Es gab drei Formen der Lehnshuldigung: die gewöhnliche, die einfache und die der „Ligesse". Die gewöhnliche Lehnshuldigung erlegte dem Vasallen drei Hauptpflichten auf: Gericht, Rat und Krieg. Bei der einfachen Lehnshuldigung verpflichtete sich der Vasall lediglich, nicht gegen seinen Oberherrn zu kämpfen; jedoch war er ihm keinen Rat oder Hof- und Heeresdienst schuldig, und der Oberherr durfte keine Dienstleistungen von den Leuten des einfachen Vasallen fordern. Die ligische Lehnsbindung war die festeste von allen und betraf hauptsächlich den Kriegsdienst; der „homo ligius" [ligisch gebundene Vasall] war, wie Glasson sagt, persönlichen Kriegsdienst schuldig, und das während der ganzen Dauer des Kriegszugs; der gewöhnliche Vasall hingegen war nur für eine Zeit verpflichtet, die nicht über vierzig Tage hinausging, wobei von dem Tag an gerechnet wurde, an dem sich das Heer versammelte, so daß er nach Ablauf dieser Frist auf seine Burg zurückkehren durfte. Außerdem war es nicht notwendig, daß der Vasall persönlich erscheinen mußte. Wenn der einfache oder der gewöhnliche Vasall auf das Lehen verzichtete, konnte er sich schließlich von der eingegangenen Verpflichtung befreien, während der „homo ligius" gebunden blieb, selbst wenn er dies tat.

Die Formel für den Lehnseid war allem Anschein nach die gleiche in allen Regionen; dennoch gab es allerdings Unterschiede bei den feierlichen Worten, die der Vasall sprach. Der Vasall leistete den ligischen Lehnseid öffentlich, vor dem Hofstaat des Herrn; er sprach seine

Formel mit bloßem Haupt und auf Knien, ohne Gürtel und ohne Waffen; hierauf legte er seine Hände in die des Oberherrn, womit die Unterwerfung und die Übergabe des Vasallen sowie der Schutz symbolisiert wurden, den der Seigneur auf ihn ausdehnen sollte.

Der Vasall schuldet ihm „l'estage", das heißt die Bewachung der Burg, während einer bestimmten Anzahl von Tagen im Jahr, einen bestimmten Geldbetrag als Unterstützung, wenn der Sohn zum Ritter geschlagen wird, und ebenfalls für die Heirat der Lieblingstochter sowie für die Bezahlung des Lösegeldes, wenn der Herr gefangengenommen wird. Diese in Geld zu entrichtende Steuer hieß „taille aux quatre cas" [„Steuer in den vier Fällen"], wobei der vierte Fall sehr selten einträt.

Der Seigneur schuldet dem Vasallen Schutz und Hilfe, wenn das Lehnsgut angegriffen wird; der gegenseitige persönliche Schutz ist eine Pflicht.

Der Seigneur verliert sein Recht als Oberherr, wenn er die Ehre der Frau oder der Tochter des Vasallen antastet, wenn er die Hand gegen ihn erhebt und wenn er ihm Gericht oder Hilfe verweigert.

In der Zeit der ersten Kapetinger, deren Königtum noch nicht endgültig anerkannt war, leisteten die großen Herren keinen ligischen Lehnseid, sondern nur den Treueid; und dennoch forderten sie den ligischen Eid von ihren Lehnsmännern.

Von allen erwähnten Rechten zeigt das des Gerichtsherrn am deutlichsten die Oberherrschaft. Die Gerichtsbeschlüsse waren unanfechtbar: Ein Kläger konnte weder beim König noch bei jemand anderem Berufung einlegen, wenn es sich nicht um einen Fall von Rechtsbruch oder um ein Fehlurteil handelte; doch selbst dann war es nicht so sehr eine Berufung als vielmehr ein neuer Antrag, der gegen den Richter selbst wegen Verletzung der Lehnspflichten gestellt wurde. Wie der König hatten diese Herren das Begnadigungs- und Strafminderungsrecht, und wir sagen gar nichts weiter zum Recht über Leben und Tod, denn dies besaßen ja selbst ganz unbedeutende Baronien. Schließlich konnte der Oberherr den Vasallen zwingen, auf seinem Land zu bleiben, oder sich seiner bemächtigen, wenn er floh, und ihn zur Strafe „cum ferro vel alio instrumento sicut de animalibus" [„mit einem Eisen oder einem anderen Instrument wie bei den Tieren"] brandmarken.

IV

Das Los des Vasallen war also nicht beneidenswert. Wie hart war dann wohl erst das des gemeinen Mannes, des Bauern und des Kolonen! Es konnte geschehen, daß der Seigneur das Jagdrecht zum Vorwand nahm, um in deren Wälder einzudringen und maßlose Schäden anzurichten. In der Zeit Roberts war Bouchard, der Graf von Vendôme, über die Zugeständnisse erzürnt, die sein Onkel, der Bischof Raynaldus, im Wald von La Gâtine gemacht hatte; er verjagte die Bauern aus ihren Häusern und verwüstete die Saatfelder. Richard II., ein treuer Verbündeter Roberts, rief mit ähnlichen Maßnahmen einen Aufruhr hervor. So schildert Guillaume de Jumièges das Ereignis: „Während der junge Richard sich durch zahlreiche Tugenden hervortat, ging in seinem Herzogtum die Saat einer pestartigen Zwietracht auf. Denn die gemeinen Bauern rotteten sich in verschiedenen Konventikeln zusammen und beschlossen, nach eigenem Gutdünken zu leben. Sie wollten sich ihrer eigenen Gesetze bei den Ackerfeldern, in den Wäldern sowie bei der Nutzung der Gewässer bedienen, ohne das festgelegte Gewohnheitsrecht zu beachten. Um derartige Gesetze zu bestätigen, wählte jede Gruppe zwei Abgeordnete; sie hatten den Auftrag, diese Gesetze vor eine allgemeine Zusammenkunft zu bringen, die mitten in den Feldern stattfinden sollte. Sobald der Herzog es erfuhr, schickte er den Grafen Paul zusammen mit einer großen Zahl Soldaten gegen sie, um jenes grimmige Ungestüm zu bändigen und die Bauernversammlung aufzulösen. Der Graf gehorchte ihm unverzüglich; er brachte die Abgeordneten und einige andere in seine Gewalt, er ließ ihnen Hände und Füße abhacken, und so schickte er sie zu den Aufrührern, damit er diese von ihrem Unternehmen abschreckte und damit die Furcht vor einem solch elenden Schicksal sie vernünftiger machte. Nachdem die Bauern diese Warnung erhalten hatten, verzichteten sie auf ihre Zusammenkünfte und kehrten zum Pflug zurück." [Vgl. Pfister, S. 102] Der Chronist de Jumièges war nicht mehr und nicht weniger ein Schönredner als seine Zeitgenossen im allgemeinen, und deshalb kann man die Geringschätzung, mit der er über die unglücklichen Bauern spricht, als einen die Epoche kennzeichnenden Zug gelten lassen. Der Dörfler sieht, wie der Herr jederzeit in sein Leben eingreift. Er durfte sein Getreide nicht in jede Mühle bringen, die ihm zusagte, und nach dem Mahlen durfte er es auch nicht in dem Ofen zu Brot verbacken, der ihm am besten gefiel, vielmehr mußte man es zur *Bann*mühle und zum *Bann*ofen schaffen. Wenn er sich weigerte, machte der Herr sein „Bannrecht" geltend.

Wenigstens, so könnte man behaupten, mußten sie keine Steuern und Abgaben ertragen, die nicht vereinbart wurden, als man das Kolonat erteilte oder die Scholle übereignet hatte. Gewiß gab es bis zum dreizehnten Jahrhundert keine Steuern und keinen Staatsschatz; was in die königlichen Kassen gelangte, waren lediglich private Leistungen, wie man sie jedem anderen Herzog oder Grafen schuldete. „Aber", sagt Glasson, „der Seigneur, der Gerichtsherr, der militärische Führer, der Grundbesitzer nahmen ein beliebiges Ereignis zum Vorwand, um eine neue Abgabe aufzuerlegen oder die bereits eingeführten zu erhöhen, und hiernach beriefen sie sich auf diesen Präzedenzfall als Gewohnheitsrecht, um dessen Beibehaltung zu sichern, selbst wenn sich die Umstände verändert hatten. Ein Krieg, eine Feuersbrunst, der Bau einer Burg, um sich gegen die Übergriffe der Nachbarn zu schützen, eine Fahrt in irgendein fernes Land dienten als Vorwand für eine neue Abgabe, die weiter erhoben wurde, selbst nachdem der Grund weggefallen war, der zu ihrer Einführung gedient hatte." Daher läßt sich feststellen, daß das Leben viel teurer war, und das trotz der in jenem Zeitalter herrschenden Not, und so ist auch die unzählbare Zahl – wie Rivadeneyra sagen würde – von Wegezöllen, Torsteuern, Brückengeldern usw. zu erklären, die es unter dem Namen „tonlieux" [Zölle, Marktgebühren] gab.

Jeder Burgturm war ein Nest von Raubvögeln, die an alle möglichen Kämpfe gewöhnt, unruhig, gierig und zügellos waren, die in die Ebenen hinabstiegen und sie ausplünderten. Die ungeheure Zahl von derartigen Raubzügen, wie sie die Feudalherren während des von uns behandelten Jahrhunderts unternahmen, enthebt uns der Mühe, sie einzeln anzuführen. Da überdies immer noch das Recht bestand, Beleidigungen mit eigener Hand zu rächen, litten die Felder unter den geringfügigen Ehrverletzungen, die man ihren Herren angetan hatte, und in beträchtlicherem Umfang als in anderen Fällen geschah das während der endlosen Feindschaft zwischen den Grafen von Anjou und von Blois, den zu gewaltiger Größe angewachsenen Montagues und Capulets im Frankreich des zehnten Jahrhunderts.

Wenig Unterschiede gab es zwischen der Lage der Landbewohner und der Städter. Seitdem sich die Barbaren in Gallien festgesetzt hatten, hatte sich der Zustand der Städte immer weiter verschlechtert. Die kommunalen Körperschaften verloren ihre letzten Freiheiten, und ihre Befugnisse gingen in die Hand von Beamten des Monarchen oder der Seigneurs über. Andererseits verfielen die Gewerbe und die Innungen unaufhaltsam; zahlreiche alte Handwerkerverbände verschwanden, und der Staat unterhielt außer der Münzstätte keine Manufakturen. Der Umstand, daß die reichen Familien mit Vorliebe auf dem Land wohnten, und die Abgabenfreiheiten, die bestimmte Seigneurien, Kirchen und Klöster besaßen, zogen schließlich einige Gewerbe an, die man früher in den Kleinstädten ausgeübt hatte; somit kam es zu einem großen Wandel der Interessen und der Bevölkerung.

Die Verkehrsverbindungen waren nun außerordentlich beschwerlich und gefährlich; der Chronist Richer erzählt von einer Reise, die er von Reims nach Chartres unternahm, und trotz der geringen Reisedauer wirkt sein Bericht wie ein Abenteuerroman oder das Tagebuch eines Forschungsreisenden. Wie sollte sich da ein reger Handel entwickeln?

Ungeachtet des relativen Übergewichts der Landregionen über die großen Städte wurden die Felder nicht gut bestellt, und nur so sind die entsetzlichen und äußerst hartnäckigen Hungersnöte zu erklären, die damals herrschten. In einer vortrefflichen Vorlesung, die Réville über das Leben der mittelalterlichen Bauern (während des dreizehnten und vierzehnten Jahrhunderts) in Genua gehalten hat, hob er eingehend die Übel der damaligen Landwirtschaft hervor, und obwohl er sich nicht auf das von uns behandelte Jahrhundert bezieht, so muß doch, was er über die Barbarei der folgenden sagt, natürlich in noch größerem Umfang für das uns betreffende gelten. Er stellt nämlich drei große Mängel der Landwirtschaft fest: wenige Fruchtsorten, wenige Düngemittel und zu viele Brachfelder. Die Ernten waren selbst in den besten Jahren drei- oder viermal geringer als die heutigen, und in vielen Jahren vernichtete irgendein göttlicher Zorn die Saatfelder, und die Not bemächtigte sich aller Bauern. Daneben hat man zu berücksichtigen, wie dies auch Réville tut, daß im zehnten Jahrhundert sogar die Seigneurs über ein Stück Feld verfügen mußten, das ausschließlich für ihren Gebrauch bestimmt war; andernfalls drohte ihnen der Hungertod. Allerdings gaben sie sich mit sehr wenig zufrieden, wie auch ihre Bauern, Kolonen und Leibeigenen. Mäßigkeit gilt als Regel, obgleich es nicht an großen und berüchtigten Schlemmern und hochberühmten Apfelweinsäufern fehlt, denn niemals hat ja in den härtesten Zeiten der Name eines Rabelais oder eines zutiefst menschlichen Erzpriesters von Hita gefehlt.

Die Geistesart des Bauern ist trotz alledem rechtschaffen und treuherzig. Wie wir weiter unten sehen werden, macht er sich alle abergläubischen Vorstellungen zu eigen, und wie wir bereits gesehen haben, läßt er sich von den Herren mühelos ausrauben. Erst wenn die Bedrückung unerträglich wird oder der Winter den Wolf aus dem Wald treibt, rottet er sich in einem aufrührerischen Haufen zusammen, belagert die Burg und kehrt widerwillig und von den harten Armen der Ritter verprügelt zu seinem Acker, seinem Aberglauben, seinem

Hunger und seiner Pein zurück. Die Pachtzinsen, die der Erbpächter zu bezahlen hatte, waren zahlreich und unübersichtlich; in der Form, wenn auch gewiß nicht in der Menge, können uns diejenigen eine Vorstellung von den Leistungen der Bauern geben, die heute noch in unserem [spanischen] Galicien üblich sind.

Sie bestanden aus drei Arten: in Geld, in Naturalien und in Arbeitstagen. Unmöglich kann man einen systematischen Überblick dieser Leistungen geben, die unendlich viele unterschiedliche Formen hatten. Réville liefert jedoch ein Schema: „Stellen wir uns einen Landbesitz vor", sagt er, „dessen realer und gesamter Jahreszins sich auf zwanzig Livres belief. Von diesen zwanzig Livres bezahlte der Erbpächter fünf in Geld, den Wert von zehn Livres in Weizen und Hafer und das Äquivalent von fünf Livres in Arbeitstagen. Diese Pachtzinsen wurden zu unterschiedlichen Zeiten bezahlt, oft entrichtete man sie zu gleichen Teilen an den vier Feiertagen Michaelis, Weihnachten, Ostern und Johannis; manchmal nur zu zwei oder zu drei Terminen oder auch alles zusammen in der Zeit eines wichtigen örtlichen Jahrmarkts." Alle diese Leistungen wurden von den Eltern auf die Kinder vererbt, und so geschah es, daß die Naturalleistungen schließlich lächerliche Formen annahmen; zitiert wird ein derartiger Fall, daß man für sie jährlich den einhundertsechsundneunzigsten Teil eines Huhns bezahlen mußte. Das Verfahren, um solche absurden Zahlungen vorzunehmen, ähnelte dem heute in Galicien üblichen, wo sich alle Schuldner von Pachtzinsen zusammentun und sich auf einen von ihnen einigen, der *Cabezalero*[1] genannt wird und der Verantwortliche ist.

Die dritte Art der Verpflichtungen, also die Leistungen in Arbeitstagen, hatte nun ihren Ursprung in dem bereits erwähnten Umstand, daß der Seigneur einen Teil des Landes für seinen persönlichen Gebrauch behielt, und seine Leute mußten ihm eine bestimmte Zahl von

[1] In Galicien der Untereigentümer einer Erbpacht, der den Zins für den Grundherrn von den Mitgemeinschaftern einsammelt. [Anm. d. Übers.]

Tagen im Monat oder im Jahr ihre Arbeitskraft und ihr Ochsengespann zur Verfügung stellen, um auf den Feldern des Adligen zu pflügen, zu säen und zu ernten. Außerdem waren sie mit der Bewachung und dem Sauberhalten der Burg sowie mit der Beaufsichtigung der Gefangenen usw. beauftragt. Diese letztgenannten häuslichen Frondienste wurden mit einem winzigen Lohn entgolten, der in Eiern, Käse oder einer anderen Speise bestand.

Welche Höhe mochte also die Wertsumme all dieser Leistungen erreichen, die der Bauer dem Besitzer seines Landes schuldete? Die Antwort fällt schwer; Réville beruft sich auf das Buch des Vicomte d'Avenel, dem zufolge der Seigneur nicht mehr als drei oder vier Prozent von einem Land einnahm, dessen Erträge das Dreifache der Aussaat[1] betrugen. Doch das Werk des Vicomte d'Avenel behandelt die letzten Zeiten des Feudalismus und kann uns nicht helfen.

Die ‚moralische' Verpflichtung, die der Bauer seinem Herrn gegenüber hatte, war also nicht übermäßig hoch; doch er mußte außerdem einen weiteren (zehnten) Teil als Kirchenzehnten entrichten; und diese Pflicht der Zehntentrichtung verringerte sich nur in Fällen außergewöhnlicher Hungersnot.

Indes kommen zu diesen ständigen Abgaben die Fälle hinzu, in denen Kriege ausbrachen und sich die Abgaben erhöhten, während die Felder in großem Umfang verwüstet wurden. Auch die Besuche der Könige gehören hierher: Sie waren eine sprichwörtliche Plage in dieser Zeit, da die Monarchen lediglich ein paar Wochen an einem Ort blieben. Und das Schrecklichste von allem waren schließlich die Mißernten, die damals wegen der äußerst schlechten Ackerbaumethoden so häufig auftraten und die den Beutel des armen Landmanns fast ganz leerten und ihm die Mittel für die kommenden Jahre nahmen. Und wenn es ihnen etwa gelungen war, sich zu erholen, so stürzte sie eine neue Hungersnot ins Elend und machte es ihnen unmöglich, die Abgaben zu bezah-

---

[1] Im Original steht irrtümlich: „drei Prozent". [Anm. d. Übers.]

len. Bei deren Eintreibung gingen die Herren gewöhnlich grausam vor, und die Gerichte verhängten überaus viele Todesurteile, und das nicht nur, um Morde oder andere schwere Straftaten zu sühnen, sondern sogar für den Diebstahl von Hühnern, Kleidungsstücken usw.

Bei der kleinsten Verfehlung wurde der unglückliche Bauer gehenkt, und die Frauen begrub man bei lebendigem Leibe.

Alldem muß man das Fehlen eines geistigen Milieus in den Dörfern hinzufügen, in denen es bis zum dreizehnten Jahrhundert keine Schulen gibt, und die ständige Bedrohung, die auf den Bewohnern von Grenzmarken lastete und von den Nachbarvölkern herrührte. Im neunten und zehnten Jahrhundert kam es zu über fünfzig Einfällen der Normannen im Norden, der Sarazenen in der Spanischen Mark und der Ungarn im Osten.

V

Die letzten Worte, die Hugo Capet sagte, waren an Robert gerichtet, und mit ihnen gab er seinem Nachfolger den entscheidenden Rat: „Hüte dich vor allem, dich der Klostergüter zu bemächtigen oder irgend etwas von ihnen an dich zu reißen, und nimm dich sehr in acht, daß du dir nicht den Zorn des gemeinsamen Oberhauptes der Klöster, des großen Sankt Benedikt, zuziehst." Dies allein genügte, um zu verstehen, welchen Einfluß die Mönche auf das Leben Frankreichs im zehnten Jahrhundert besaßen.

Woher kam dieser Einfluß? Selbst wenn man von dem moralischen Druck absieht, den die Priesterkaste stets auf die Gläubigen ausübt, gibt es ausreichende Gründe, um diesen Einfluß zu erklären. Seit den Zeiten Karls des Großen war der Klerus ein mächtiger Helfer der Könige und vielleicht die zuverlässigste Stütze in jenem ausgedehnten Reich, dessen stärkster (allerdings nicht allzu wirksamer) Zusammenhalt in dem Gedanken einer Vereinigung aller Völker des Abendlands bestand, wodurch sie die katholische Gemeinschaft bildeten; und der Klerus hatte somit den Auftrag, dieses Gefühl bei den Untertanen zu verbreiten. Die Monarchen überhäuften ihn nun mit Schenkungen und Regalien [Hoheitsrechten], was seine Macht ungeheuer vergrößerte. Bei allen politischen Schicksalswendungen des glücklosen Ludwigs des Frommen läßt sich feststellen, wie er in dem Maße anerkannt oder mißachtet wurde, in dem seine Absichten und Pläne mit denen des Klerus übereinstimmten oder von ihnen abwichen. Die reich gewordenen Klöster und Bischöfe entwickelten sich also zu Feudalmächten, die zu den stärksten gehörten und sich nicht von Herzögen oder Königen lenken ließen. „Die Klöster", sagt Glasson, „hatten keine Kolonen, wohl aber ‚mainmortables'; sie dienten wahren Heerscharen von Mönchen als Obdach und hatten durch ihre riesigen Erwerbsmöglichkeiten eine ungeheure Macht errungen. Selbst wenn sie häufig das Opfer von Gewaltakten und von direkten Plünderungen wurden, waren sie schließlich trotzdem zu außerordentlichem Reichtum gekommen ... Unter dem Schutz des Königs wehrten sie sich gegen die Übergriffe der Feudalherren ... Außerdem waren die meisten Klöster und Bistümer zu tatsächlichen Feudalherrschaften geworden und stark genug, um dem weltlichen Feudaladel die Stirn zu bieten. Die Berechtigung, als Schenkung unter Lebenden oder auf den Todesfall unbeschränkt und sogar unentgeltlich Besitz zu erwerben, begünstigte außerordentlich die Vermehrung ihres Reichtums, um so mehr, als sie glaubten, daß es, nachdem sie auf diese Weise etwas erworben hatten, ihre Pflicht sei, diesen Besitz zu bewahren und nicht zu veräußern."

Ein Beweis für die öffentliche Bedeutung des Klerus ist, daß man Testamente nicht nur im Beisein des Notars, sondern auch eines Pfarrers aufsetzen mußte; widrigenfalls war die Exkommunikation sowohl für den Notar wie auch für den Erblasser angedroht. Auf diesem Weg gelangten mehrere Abteien in den Besitz von zwei- oder dreitausend „Mensae" [Pfründenanteilen].

Außerdem muß man einen weiteren Grund für die Überlegenheit der Geistlichen berücksichtigen: deren weniger große Unwissenheit. Es fanden sich kaum ein paar Laien, die lesen und schreiben konnten. Notare fehlten schließlich so weitgehend, daß Urkunden mündlich vereinbart wurden und der Bischof sie später bestätigte. Derartige Amtsverrichtungen mußte man den Geistlichen und sogar den Mönchen übertragen, die sich aus dem gleichen Grund auch genötigt sahen, den Anwaltsberuf auszuüben. Wenn die Großen zuweilen ihre Söhne unterrichten ließen, so geschah das nur, weil sie das ehrgeizige Ziel verfolgten, diese Söhne als Bischöfe einzusetzen. Als Ludwig der Überseeische gesehen hatte, wie Fulco der Gute, der Graf von Anjou, einer von den wenigen gebildeten Laien im Königreich, zusammen mit den Domherren von Saint-Martin in Tours sang, deutete er spöttisch mit dem Finger auf ihn; doch da Fulco die Geringschätzung bemerkt hatte, die der König seinem Wissen gegenüber zeigte, schrieb er ihm diese stolzen Worte: „Wisset, Herr, daß ein ungebildeter König ein gekrönter Esel ist." Ganz allgemein hatte die gesamte Nation eine so unzulängliche Vorstellung von der Wissenschaft, daß man gegen Ende des Jahrhunderts, als man erlebte, wie Gerbert und Abbo die Geometrie und andere Teilbereiche der Mathematik erneuerten, die beiden als Zauberer ansah, die derart wunderbare Kenntnisse nur durch einen Pakt mit dem Teufel erwerben konnten. Gewiß waren die Geistlichen auch nicht allzu gelehrt. Roy, der sich in diesem Fall eher übertrieben wohlwollend verhält, sagt, daß „die meisten Geistlichen keine großen Gelehrten waren, wenn man anhand der zeitgenössischen Zeugnisse urteilt; selten fand sich jemand, der in der Lage war, in der Öffentlichkeit aufzutreten und das Volk zu unterrichten; und zwei Bischöfe – Frotarius von Poitiers und Fulradus von Paris – mußten Abbo, der damals Mönch in Saint-Germain-des-Prés war, auffordern, Predigten oder Homilien über die Hauptwahrheiten der Religion zu verfassen, die sich als Grundlage benutzen ließen, damit ihre Geistlichen das Predigtamt ausüben konnten." Selbst wenn diese Predigten und Homilien in Latein verfaßt waren, steht doch auch fest, daß es Bischöfe gab, die diese Sprache nicht beherrschten. Als Haimo, der Bischof von Verdun, im Jahre 994 auf dem Konzil von Mouzon das Wort ergreifen mußte, war er deshalb gezwungen, sich in der Volkssprache zu äußern. Allerdings hatte Wilhelm, der Herzog von Aquitanien, im Jahre 910 Berno, dem Abt von Gigny und Baume, einige vier Meilen von Mâcon entfernte Ländereien übergeben, „unter der Bedingung, dort ein Ordenskloster zu Ehren der Apostel Petrus und Paulus zu errichten, und in ihm müssen sich Mönche zusammenfinden, die nach der Ordensregel des heiligen Benedikt leben, damit jenes Haus die Heimstatt des Gebets werden und man stets vernehmen soll, daß es von den Rufen der Gläubigen und frommen Bitten erfüllt ist, und in ihm soll man beständig mit tiefer Inbrunst die Wunder der Zwiesprache mit dem Himmel wünschen und suchen". Dies waren die Grundlagen Clunys. Berno als erster und hierauf Odo, Aymardus und Mayolus, die einander als Äbte folgten, führten jene Reform der Benediktiner durch, die wenig später von den meisten damals existierenden Klöstern anerkannt wurde und von der die Gründung weiterer neuer Klöster ausging. Diese Reform war notwendig; die Anarchie der Sitten und der kirchlichen sowie klösterlichen Gerichtsbarkeit war unbeschreiblich. Cluny gewann allmählich an Boden, jedoch übertrieb es seine Strenge; es verhielt sich der menschlichen Natur gegenüber unbarmherzig, „der es kein Vergnügen gönnte, nicht einmal eines des Geistes".

Gehen wir kurz auf das Problem der im zehnten Jahrhundert vorhandenen wissenschaftlichen Kenntnisse ein.

Armselig und äußerst dürftig war die Wissenschaft in diesen Jahrhunderten, und die Namen, die aus dem heutigen zeitlichen Abstand wie der Inbegriff eines riesigen Kenntnisschatzes erscheinen – Theodulph, Alkuin, Gerbert –, büßen einen nicht unbeträchtlichen Teil ihrer Bedeutung ein, wenn wir uns näher mit ihnen beschäftigen und uns ihre Bücher und Kontroversen ansehen. Man darf also die Relativität aller menschlichen Verhältnisse nicht vergessen, wenn man über die Gelehrten des Mittelalters spricht.

Das gleiche ist mit den klangvollen und ein wenig nebelhaften Seiten geschehen, auf denen der Comte de Montalembert seinen Hymnus auf die Mönche des Abendlandes als Retter des menschlichen Denkens niedergeschrieben hat. Diese Vorstellung ist über Gebühr ins Feld geführt und allzu häufig wiederholt worden, und dennoch macht es sich erforderlich, daß wir die Bedeutung ihrer Worte etwas einschränken, ihren Geltungsbereich verkleinern und den hochgelehrten Klöstern ein wenig von ihrer historischen Größe nehmen.

Am Ende des zehnten Jahrhunderts gab es, wie Pfister [S. 2] sagt, zwei Arten von Schulen, und jede von ihnen führte ihre Schüler in ein jeweils radikal anderes Bildungssystem ein. Dem einen unterzogen sich die ganz überwiegende Mehrheit der Klostergeistlichen und dem anderen die Bischöfe und eine kleine Zahl von Mönchen, die den Weltgeistlichen treu verbunden waren. Denn die Bischöfe und die Mönche waren damals unerbittliche Gegner, die einander unaufhörlich belauerten und sich bereithielten, übereinander herzufallen. Ihre Ideale wichen in beinahe allen Punkten voneinander ab, und das noch mehr bei dieser Frage der pädagogischen Methode.

In den Klosterschulen beschäftigte man sich nur oder beinahe ausschließlich mit religiösen Themen. Die Wissenschaften zogen kaum die Aufmerksamkeit der Lehrer auf sich, und die klassische Antike war aus dogmatischen Gründen verpönt. Aufschlußreich ist, wenn man sich jene Bibliotheken mit ihren wuchtigen geschnitzten Armsesseln und ihren wunderschönen Pulten vorstellt, über die sich die leuchtenden Schädel der Scholaster und die dunkelvioletten Tonsuren der Schüler beugten; das mit unsagbarer Klarheit von den hohen Fenstern herabfallende Licht hüllte die ruhevollen Gedanken der Kirchenväter ein, die mit derart großer Beharrlichkeit wieder und wieder gelesen wurden, während unbeachtet, als hätten sie sich gerade dorthin verirrt, zwischen Rufinus und Sankt Hieronymus, neben Sankt Augustins „Confessiones" und der „Consolatio" des Boëthius, die alten Bücher aus klassischem Erz die Sünden und die Freuden des heidnischen Lebens bewahrten.

Als der heilige Odo, der schließlich Abt von Cluny werden sollte, in der Schule von Saint-Martin in Tours studierte, las er zunächst Priscianus. „Dieser fähige Steuermann", sagt einer von seinen Schülern, „dieser Steuermann, der uns lehrte, wie man durch die Stürme dieser Welt kommt, überwand schwimmend den unermeßlichen Ozean des Priscianus." Später wollte er Vergil lesen, eines Nachts indes hatte er einen höchst symbolischen Traum. Es schien ihm, als sähe er ein kostbares, wunderbar ziseliertes Gefäß, aus dem alle möglichen Schlangen und anderes gräßliches Getier hervorkröchen. Hieraus schloß er, daß Gott der Herr ihm ein Bild gezeigt habe, das darstelle, was Vergil für den Geist sei: ein gefährlicher und beinahe unfehlbar schädlicher Trank. „Dieser Traum Odos", ruft Pfister aus, „hatte eine ungeheure Auswirkung auf das Schicksal des Geisteslebens in den Klöstern, weil er zur Reform von Cluny und von allen Klöstern führte, die im elften und zwölften Jahrhundert diese Reform annahmen."

Als Odo der Baseler Klostergemeinde hundert Bücher überbrachte, war unter sie kein einziges profanes Werk geraten. In der Zeit, da Maïeul oder Mayolus noch Bibliothekar in Cluny ist, liest er in der Schule von Lyon die Bücher der Philosophen des Altertums und die Lügendichtungen Vergils; doch als sein Ruf zunahm und er die Leitung von Mönchen übernommen hatte, lehnt er selbst es ab, daß die anderen von jenem wunderbaren, wenn auch ein wenig gefährlichen Wasser trinken. Trotzdem verschaffte er sich auf seinen Reisen gewöhnlich einige von diesen verderblichen Büchern, die er voller Wonne und als eine geistliche Wegzehrung nach und nach verschlang. Sein Biograph Syrus, ein glaubensstarker Mann und glühender Bewunderer des Mayolus, will ihn verteidigen, und hierzu führt er einige Bibelverse an (5. Buch Mose, 21, 11–13) und setzt hinzu: „Mit diesem Vergleich ist gemeint, daß er alles, was er an Nützlichem in den Büchern der Philosophen entdeckte, für würdig hielt, von ihm im Gedächtnis bewahrt zu werden; doch jene überflüssigen Dinge, wie etwa die Betrachtungen über die Liebe und die Sorge um weltliche Angelegenheiten, tilgte er als giftig und todbringend, beschnitt sie mit einer sehr scharfen Schere, wie man es bei den Nägeln tut." (Mabillon, „Acta Sanctorum Ordinis sancti Benedicti sæculi VI", Pars 11, S. 332; Syrus, „Vita Maioli".)

„Hac quidem similitudini quæ in philosophorum libris reperiebantur utilia, hæc sua dignabatur memoria; quæ vero superflua, de amore scilicet, rerumque sæcularium cura, hæc quasi venenata radebat et mortifera, hæc ‚unguium more' ferro acutissimo desecabat."

Das Kloster Gorze verwarf ebenso wie Cluny das Studium der Antike.

Jean de Vendièvres, eine der hervorragendsten Persönlichkeiten des zehnten Jahrhunderts, hatte sich in dieses Kloster zurückgezogen, wo er einige seltene Manuskripte der Kirchenväter entdeckte. Er stieß auf Augustins Abhandlung „De Trinitate", und da er die Worte des Heiligen verstehen wollte, entschloß er sich, die Dialektik zu studieren und dieses Unternehmen mit der Einführung des Porphyrios in die „Kategorien" zu beginnen. Der Abt Einold brachte den eifrigen und lebhaften Studenten von einem derartigen Vorhaben ab und versicherte ihm, die Schulweisheit lohne nicht die Mühe, erlernt zu werden; man müsse nur die Heilige Schrift studieren, da das übrige hohl und unfruchtbar sei. („Acta Sanctorum Ordinis sancti Benedicti sæculi V", S. 393; „Vita Iohannis".) [Vgl. Pfister, S. 4]

Gervinus, der Nachfolger des Angelrannus in der Leitung der Abtei Saint-Riquier, hatte an der bischöflichen Schule von Reims studiert, wo er sich mit übermäßigem Eifer der Lektüre und der Wertschätzung der lateinischen Poeten ergab. Der ständige Umgang mit jenen so glanzvollen, schönen und anziehenden weltlichen Genüssen brachte sein ehrbares Gemüt auf Abwege. Zum Glück sollte er später bereuen, seinen Lebenswandel ändern und sein glühendes Blut abkühlen. Vielleicht dachte er an seine eigene Erfahrung, als er sich schließlich zum schrecklichen Feind der ihm zuvor teuren Poeten erklärte und den Rat gab, man solle sie nicht lesen,

„damit nicht das Übel eintreten könnte, daß, während man literarische Werke studierte, die Seele erstickt würde". „Ne ut pæna acciderat, dum litteras discederet, animam iugularet."

Es ließen sich zahlreiche weitere beweiskräftige Zeugnisse nicht nur für die Tatsache anführen, daß die Wissenschaften und die schöne Literatur der Klassik in den Klöstern nicht studiert und gelehrt wurden, sondern auch dafür, daß man sie aus ihnen verbannt hatte und für nachteilig, schädlich und den Sitten abträglich hielt. So groß war die Geringschätzung, die für sie die biederen Klosterbrüder dieser Zeit empfanden und zeigten, daß man sehr häufig in den Sammlungen von Heiligenlegenden und den Lebensbeschreibungen solche Sätze findet wie diesen: „Relictis pompaticæ scientiæ studiis ad monasterium ingrediens" [„Nachdem er die Studien der eitlen Wissenschaft aufgegeben hatte, ist er ins Kloster gegangen"]; oder wie diesen anderen: „Scientia liberalia deserens ad cœnobium Sancti Petri perrexit" [„Er hat die freie Wissenschaft aufgegeben und ist in das Sankt-Petrus-Kloster eingetreten"]. (Radulphi Glaber, Chronica III, L. Mabillon, a. a. O., Pars I, S. 195.)

In diesen Klosterschulen gab es kaum eine andere Sorge als jene, die Schüler in einem Zustand vollkommener Sittsamkeit und Unterwerfung zu erhalten; dieser nach meiner Ansicht übertriebene und sinnlose Eifer, die Menschen allzusehr zu bessern, trug nicht wenig dazu bei, die Gemüter jener jungen Leute melancholisch zu stimmen und anzukränkeln, die wissensdurstig durch die Klostertore eintraten und von denen viele – Fürstensöhne oder junge Bauern –, nachdem ihr Wille und ihre Lebenslust gebrochen waren, für immer in den kalten Steinwänden des Klosters eingeschlossen blieben. Die Schüler durften keinen Augenblick allein bleiben; zwischen zweien von ihnen mußte sich stets ein Mönch befinden, und sie wurden äußerst grausam bestraft. Es war ihnen nicht erlaubt, Papier oder irgendeinen Gegenstand zu geben oder zu empfangen, ausgenommen aus der Hand des Scholasters, eines schrecklichen Mannes, der, wie aus der Lektüre von Abteichroniken hervorgeht, als ein harter Zuchtmeister auftritt. Von Berno, dem Schulvorsteher und Abt des Klosters Reichenau, sagt ein zeitgenössischer Schriftsteller, daß „er nicht wie ein Mönch, sondern eher wie ein Räuber (ut prædo) gefürchtet wurde; er war ein Tyrann und kein Vater; ein Bandit und Schlächter, kein Lehrer oder Erzieher".

Man bedenke, wie sich dies alles auf den Seelenzustand der Franzosen auswirken mußte, der schon aus so vielen anderen Gründen gepeinigt, bedrängt und geängstigt wurde.

Die Klosterbibliotheken waren im übrigen sehr wenig zahlreich[1]. Harnulfus erzählt uns von der großen Mühe, die es Gervinus gekostet hatte, in der Bibliothek von Saint-Riquier sechsunddreißig Bände zusammenzutragen, die zweifellos religiöse Themen behandelten. „Man muß", folgert Pfister [S. 5], „auf die Legende verzichten, die auf der Vorstellung beruht, daß die Mönche ihre Nachtstunden damit verbrachten, Manuskripte abzuschreiben und die Bücher der klassischen Antike aus dem Schiffbruch der Zeiten zu retten. Die einzigen Manuskripte, die sie abschreiben, sind die der Kirchenväter."

Das aussagekräftigste Zeugnis, das der Comte de Montalembert als Grundlage für seine „Goldene Legende" findet, um auf ihm seinen Tempel des Lobes für die Mönche des Abendlandes zu errichten, die in diesem Jahrhundert die Wissenschaft bewahrt und gepflegt hätten, ist ein Satz des bereits erwähnten Harnulfus, der sagt, daß „man in den Klöstern die Bücher wiederherstellt und diejenigen niederschreibt, bei denen dies noch nicht geschehen war, daß man dort die Knaben erzieht, die Schätze der Weisheit verschwenderisch austeilt und das Vaterland preist".

All das ist ein wenig vage, und das noch mehr, wenn man bedenkt, was uns über Gervinus und Angelrannus berichtet wird; es stellt sich heraus, daß die besagten Bü-

---

[1] Wohlgemerkt: Wir sprechen ausschließlich über das zehnte Jahrhundert und nicht über die folgenden. [Anm. des Autors]

cher überwiegend Erbauungsschriften oder volkstümliche theologische Werke sind.

Aus der Unwissenheit machte man also eine Lebenshaltung und eine Regel; die Furcht, seine Seele zu verlieren, war derart groß, daß man sie argwöhnisch im verborgenen behütete, ohne sie mit den stets göttlichen, wenn auch so ganz menschlichen Speisen der weit entfernten Klassik zu stärken und zu verschönern. Zweifellos fällt es uns, die wir tief gesunken sind, leichter, Güte und Tugend zu bewahren, obwohl unser Gottvertrauen sehr gering ist, während sie glühende Glaubenseiferer waren; denn wir sind ja Neurastheniker, wie man heute sagt, kränkliche Schwächlinge mit kümmerlichen Muskeln. Gewöhnlich verlangt der Leib von uns keine Exzesse, weder im guten noch im schlechten Sinne. Jene Recken aber fühlten sich den urwüchsigen Willensregungen ganz nahe, sie waren weniger Verstandesmenschen als wir, und vielleicht erwiesen sich aus diesem Grund alle Entsagungen und Strategien als unzureichend, wenn man sich der Sünde entziehen und die verlockenden Bilder abwehren wollte.

Auch die Päpste des ausgehenden zehnten Jahrhunderts waren Verfechter dieser Ignoranz und verdammten die Autoren der Antike. Die in Saint-Basle anwesenden Bischöfe tadelten die Unwissenheit des Papstes Johannes XV.: „Heutzutage gibt es kaum jemanden in Rom, was allgemein bekannt ist, der die Wissenschaften studiert, ohne die man, wie es geschrieben steht, nicht einmal Pförtner werden darf ..."[1] Diese Formulierung war ein wenig stark, und der päpstliche Legat antwortete mit einem an Hugo und Robert gerichteten Brief: „Da die Stellvertreter Petri und ihre Schüler nicht Platon, Vergil, Terenz oder die anderen Philosophenscharen als Lehrmeister haben wollten, die voller Stolz die Lüfte nach Art der Vögel durcheilten, wie die Fische in die Meere hinabtauchten und wie die vierfüßigen Tiere auf der Erde umherliefen; da sie sich nicht von solchen leeren Worten genährt haben, sagt ihr, daß sie nicht einmal

---

[1] Olleris „Œvres de Gerbert". [Anm. des Autors]

Pförtner werden dürften. Wisset, o ihr Könige, daß jene, die so etwas sagten, gelogen haben; denn Petrus kannte solche Dinge nicht, und dennoch wurde er zum Pförtner des Himmels bestellt! ... Von Anbeginn der Welt hat Gott keine Redner oder Philosophen, sondern Unwissende und ungebildete Leute auserwählt."[1] Die Theorie des päpstlichen Legaten mag zutreffen; vielleicht ist es für die großen Unternehmungen eine unerläßliche Bedingung, daß man nicht übermäßig gebildet oder intelligent ist, vor allem, wenn ein solches Unternehmen eine hauptsächlich gefühlsbetonte Bewegung ist, wie es die Religionen sind; jedoch verrät sein Stil wenig Geschmack, einen wirren Kopf und eine große Unkenntnis des Lebens, wie es die Philosophenscharen von Athen führten, und auch der moralischen Lehren unseres guten Seneca. Als Gegensatz zu diesem überaus harten und beschränkten Unterricht an den Klosterschulen, der in den Geistern der jungen Leute einen überspannten und peinigenden Mystizismus weckte, den Mystizismus von Visionären und wirklichkeitsfeindlichen Phantasten, wollen wir, wenn auch nur mit wenigen Worten, ein Bild der bischöflichen Schulen zeichnen, die unruhiger und etwas unsystematisch, doch voll großer Wißbegierde waren und die bereitwillig ihre geistigen Erkundungen weiter ausdehnten.

Der gewöhnliche Unterricht umfaßte das *Trivium* und das *Quadrivium*, der Einteilung der Wissenschaften und „Künste" entsprechend, die während des gesamten Mittelalters üblich war. Da dieses System gut bekannt ist, gehe ich nicht näher darauf ein. Ich werde lediglich erwähnen, welche Bücher in der von mir besprochenen Zeit als Schultexte dienten. Man begann mit der Einführung des Porphyrios in die „Kategorien" und studierte als nächstes die zwei Dialoge desselben Autors in der Übersetzung des Victorinus; hierauf die fünf Kommentarbücher des Boëthius und dann die übrigen Schriften des Boëthius zur Logik. Nachdem die Schüler ihre

[1] Keiner von diesen berühmten Äbten – Wulfald, Odo, Abbo – beherrschte das Griechische. [Anm. des Autors]

Kräfte durch die Dialektik gestärkt hatten, betraten sie die blumenreichen Gefilde der heidnischen Poesie und lasen Vergil, Statius, Terenz, Juvenal, Persius, Horaz und Lukan. Später begannen sie das *Quadrivium,* das sie mit Arithmetik, Musik, Geometrie und Astronomie vollständig absolvierten. Man darf jedoch nicht vergessen, daß alle diese Wissenschaften und „Künste" sich in einem äußerst kläglichen Zustand befanden und mangelhaften empirischen Methoden gehorchten, denn die großartigen alten Kosmogonien der ersten naiven Völker waren schon für immer abgestorben. Ich sage dies aus folgendem Grund: Wenn man von der Wissenschaft am Ende des Jahrtausends schon keine vernunftgemäße und fachliche Genauigkeit verlangen könnte, so doch umfassende und eher poetische als logische Visionen über die Natur und über die Ideen. Nichts davon hat sie besessen. Die gesamte Weisheit Gerberts, des angeblichen Erfinders des *Abakus* oder Rechenbretts, beschränkte sich auf ganz oberflächliche und elementare Kenntnisse.

VI

Die Anarchie in der französischen Kirche ist schrecklich. „In unseren Tagen muß man seine Vorstellungskraft etwas anstrengen", erklärt Pfister, „um sich zu vergegenwärtigen, welch tiefer Haß die Weltgeistlichkeit und die Klostergeistlichkeit trennte. Möglicherweise haben zwei rivalisierende Körperschaften einander niemals so stark gehaßt. Die albernen Späße, die heute weitererzählt werden und die entweder die Bischöfe oder die Mönche verspotten, haben nicht einmal das Verdienst, neu zu sein; man liest sie bei den Schriftstellern des zehnten und elften Jahrhunderts, die sich ihren jeweiligen persönlichen Sympathien entsprechend über die einen oder die anderen lustig machen, und zuweilen beschränkte sich das alles nicht auf derartige Scherze, sondern man wurde handgreiflich, und mehr als einmal gab es dabei Tote." Auch die folgenden Angaben entnehme ich Pfister. Der Konflikt zwischen beiden Ständen war heftig; er betraf gleichzeitig den weltlichen und den geistlichen Bereich. Auf weltlichem Gebiet wollten die Bischöfe eine Art Oberherrschaft über die Klostergüter ausüben, und wenn der Abt über sie zu bestimmen hatte, verlangten sie einen Treueid von ihm. Außerdem mußten die Mönche dem Bischof eine gewisse Zahl von Abgaben entrichten, deren Höhe sich in den einzelnen Diözesen unterschied. So war die Abtei Saint-Mesmin verpflichtet, ihrem Bischof ein Reitpferd zu geben, wenn dieser an einem Konzil teilnahm. Die Prälaten konnten von den Mönchen das Asylrecht verlangen, und diese weigerten sich beinahe immer, irgendeine Steuer zu bezahlen. Schließlich wurden die der Kirche überlassenen Ländereien zugleich unter der Kloster- und der Weltgeistlichkeit verteilt.

Der Streit ging noch weiter. Die Klostergeistlichkeit verlangte nachdrücklich von der Weltgeistlichkeit einen Teil der Kirchenzehnten. Die Bischöfe führten gegen diese Ansprüche die Kapitularien Karls des Großen und die Kanones der Konzilien an: „Decimæ sint in manu episcopi." [„Die Zehnten sollen in der Hand des Bischofs sein."] Die Mönche indes legten diesen Text anders aus. „Die Zehnten", sagten sie, „sind in der Hand des Bischofs wie das Reich in der Hand des Königs; der König übt die Oberaufsicht über das Reich aus, um jedem den freien Besitz seines Vermögens zu sichern; auf die gleiche Art hat der Bischof die Oberaufsicht über den Zehnten. Man darf den Mönchen nicht die Zehnten entziehen." Überdies hatten sie andere, gewichtigere Argumente geltend zu machen. Häufig versahen sie in Dörfern und Weilern den kirchlichen Dienst, und demzufolge wäre es gerecht, daß sie ein Entgelt für ihre Arbeit erhielten: „Wenn man das weltliche Kirchengut verteilt", schreibt Abbo einem seiner Freunde, „so muß man es denjenigen zuwenden, die Tag und Nacht ihren Dienst in den Kirchen versehen." Zwischen 992 und 995 prüfte eine in Saint-Denis einberufene Synode diese Streitfrage. Den Vorsitz führte Seginus, der Erzbischof von Sens, und die Partei der Prälaten stand kurz vor dem Sieg, als das Volk von Saint-Denis, das zu seinen Mönchen hielt, da diese ihm freigebig ihre Almosen und

Reichtümer austeilten, in den Saal stürmte. „Ein solcher Schrecken", sagt Aimoin in seiner „Vita Abbonis", „befiel die Bischöfe, daß sie die Flucht ergriffen. Seginus, der den ersten.Rang in Gallien beanspruchte, wandte sich tatsächlich als erster zur Flucht. Ein Axthieb traf ihn an den Schultern, und die Menge bewarf ihn mit Schmutz, so daß es ihn große Mühe kostete zu entkommen. Die Angst verlieh einem von ihnen Flügel; er ließ ein köstliches und überreichliches Abendessen stehen, das man auf seine Anweisung für ihn zubereitet hatte, und er glaubte sich nicht außer Gefahr, bis er die Mauern von Paris erreicht hatte. Die Bischöfe exkommunizierten die Schuldigen und belegten das Kloster mit dem Interdikt. Abbo wurde beschuldigt, den Aufruhr geschürt zu haben; in einem langen apologetischen Brief [vgl. Patr. lat., Bd. 49, S. 461] verteidigte er sich wenig überzeugend.

Die Mönche wollten also das Kirchengut mit den Bischöfen teilen und weigerten sich, ihnen die geringste Leistung zu entrichten; doch dabei blieben sie nicht stehen, vielmehr versuchten sie mehr als einmal, das geistliche Joch der Bischöfe abzuschütteln. Nur der Bischof durfte nach kanonischem Recht einen Abt weihen; nur er durfte den Mönchen die Gelübde abnehmen, die Kirche und die Altäre des Klosters für den Gottesdienst einsegnen; schließlich durfte er die Klostergemeinde exkommunizieren und das Kloster mit dem Interdikt belegen. Die Mönche taten alles, was in ihrer Macht stand, um sich dieser geistlichen Unterordnung zu entziehen, und sie bemühten sich, in Rom die Befreiung von der Jurisdiktion des Bischofs zu erreichen. Da sie die Verteidiger des Papstes gegen die Bischöfe, diese wirklichen geistlichen Feudalherren, waren, konnten sie diese Freiheit zuweilen durchsetzen, wodurch sich die Lage verschlimmerte und der Kampf noch heftiger wurde." [Vgl. Pfister, S. 315 f.]

Die Bischöfe wußten sich am Heiligen Vater zu rächen; sie beschuldigten ihn der Ignoranz oder antworteten nicht auf seine Vorladungen. Das Konzil von Saint-Basle hatte dem Papst Johannes XV. angekündigt, daß man einen Prozeß gegen Arnulf eröffnet hatte; da man jedoch keine Antwort erhielt, ging man weiter, und der Bischof von Orléans schilderte sogar vor der ganzen Versammlung die entsetzlichen Skandale, die das Papsttum unter den Vorgängern Johannes' XV. in aller Öffentlichkeit erregt hatte; er legte dar, wie ein Kardinal von Johannes XII. verurteilt wurde, die Nase, die Zunge und die rechte Hand zu verlieren; wie Bonifatius VII. seine Nebenbuhler Johannes XIII. und Johannes XIV. entweder erdrosseln oder verhungern ließ. „Sollen wir also", rief er aus, „so viele an den Altären dienende Priester, die Gott durch ihre Lehre und ihren heiligen Lebenswandel auf der ganzen Erde preisen, solchen Ungeheuern unterwerfen, die von allen menschlichen Schändlichkeiten strotzen und aller göttlichen Wissenschaften bar sind? Der Pontifex von Rom, der gegen seinen Bruder sündigt und sich nach mehrmaliger Ermahnung weigert, auf die Stimme der Kirche zu hören, der Pontifex von Rom muß nach Gottes eigenem Gebot als Heide und Zöllner angesehen werden."

Um diesen Zwiespalt in der kirchlichen Gesellschaft zu verstehen, darf man nicht vergessen, daß die Prälaten, die Repräsentanten der Kirche, mächtige Herren, Mitglieder der regierenden Aristokratie waren. Deshalb hatten sie zweifache Interessen, und der Widerspruch zwischen diesen Interessen wirkte sich nachteilig auf die Erfüllung ihres geistlichen Auftrags aus. Während ihr Amt sie verpflichtete, die übrigen zu ändern und zu bessern, führten sie oft den Bischofstitel, ohne überhaupt dessen Aufgaben wahrzunehmen; da sie mit ganz andersartigen Dingen beschäftigt waren, kümmerten sie sich nicht darum, den Völkern das Evangelium zu predigen, und gleichgültig sahen sie zu, wie diejenigen sich von Gott abwandten und dem Laster verfielen, deren Obhut ihnen anvertraut war. Zahllose Christen jedes Geschlechts und Standes erfuhren bis ins Alter nichts von ihrer Religion, und selbst die Worte des Glaubensbekenntnisses und des Vaterunsers blieben ihnen unbekannt. Diese Unwissenheit war eine Folge der Nachlässigkeit und der übrigen Laster des Bischofsstandes. Die niedrigen Geistlichen waren nicht besser als der größte Teil ihrer Oberhirten; außer der Hoffart, dem Geiz und der Wollust, drei Lastern, die bei ihnen, wie Abbo erklärt, allgemein verbreitet waren, tadelte man an ihnen eine maßlose Jagdleidenschaft, das Tragen von Waffen, Schacherei und einen übertriebenen und allzu häufigen vertraulichen Umgang mit den Frauen. Sie vergaßen sogar ihre Rechte und Prärogativen und kümmerten sich nicht im mindesten um die Gesetze, die für die Wahlen zu Kirchenämtern gültig waren. Als etwa Seulfus, der Erzbischof von Reims, im Jahre 925 gestorben war, führte Heribert der Geistlichkeit und dem Volk seinen jüngsten Sohn vor, ein fünfjähriges Kind, und ließ ihm die Erzbischofswürde verleihen. Einige weitere Grafen kauften einen Bischofssitz, ohne Protest zu erregen.

Es läßt sich sagen, daß es unter den Klostergeistlichen zwei Klassen gab: diejenigen, die Angst vor dem Lebenskampf hatten, und diejenigen, die Mönche waren, wie sie auch Hauptleute hätten sein können, ehrgeizige und kühne Geister, denen es deshalb gelang, beträchtlichen politischen Einfluß auszuüben. Zu diesen letztgenannten gehörten viele nachgeborene Söhne von Adelsgeschlechtern, wie aus dem Verzeichnis hervorgeht, das Montalembert anführt[1]. Daher mußte man nicht selten feststellen, daß ihre Sitten oder Taten wenig mit den evangelischen Tugenden zu tun hatten. Ein Chronist erzählt, daß „Magenard, der Abt von Saint-Maur-des-Fossés, sich vollständig dem weltlichen Leben ergeben hatte und darum das Seelenheil und das körperliche Wohl der Menschen außer acht ließ. Sein größtes Vergnügen war die Jagd auf wilde Tiere, wobei er entweder mit Hunden oder mit Falken jagte, und wenn er das Kloster verließ, zog er seine Mönchsgewänder aus und putzte sich mit prächtiger Kleidung und kostbarem Pelzwerk, und als Kopfbedeckung hatte er statt einer bescheidenen Kapuze eine herrliche Chormütze." [Vgl. Pfister, S. 301]

Die Sittenlosigkeit eines Erzbischofs führte zum bedeutendsten Streit, der die französische Kirche und den

---

[1] „Les moines d'Occident", t. VIII. [Anm. des Autors]

Heiligen Stuhl entzweite und der noch dadurch kompliziert wurde, daß er zu derselben Zeit stattfand, als Robert eine gegen das kanonische Recht verstoßende Ehe geschlossen hatte; die sehr schwerwiegenden Verfehlungen der Gehorsamsverweigerung, die sich zu einer wirklichen Rebellion steigerten, folgten aufeinander und häuften sich. Nichts schreckte die unbeugsamen Bischöfe ab, bei denen das Nationalgefühl vielleicht weniger verschüttet oder lebendiger war, und die Bannflüche regneten auf sie herab, ohne daß sie sich erschüttern ließen. Und man muß wohl sagen, daß ein Bannfluch etwas Schreckliches war! Im Jahre 900 ermordeten die Sendboten Balduins II., des Grafen von Flandern, Fulco, den Erzbischof von Reims, als dieser unterwegs war, um sich zur königlichen Residenz von Compiègne zu begeben. So rächte sich der Graf, weil der König ihn gezwungen hatte, der Kirche von Reims die eingezogenen Güter zurückzugeben. Dieses Verbrechen blieb unbestraft, oder es bewirkte als ganze Verurteilung lediglich, daß eine Versammlung von Bischöfen den Bannfluch gegen die Täter schleuderte. Es wird berichtet, daß man bei dieser Gelegenheit zum erstenmal die feierlichen Zeremonien der Exkommunikation vollzog. Hören wir uns diese Bannfluchformel an: „Im Namen des Herrn, durch die Kraft des Heiligen Geistes und durch die den Bischöfen über die Vermittlung des seligen Petrus, des Apostelfürsten, verliehene göttliche Autorität schließen wir die Mörder aus dem Schoß der heiligen Kirche aus und verfluchen sie, und wir verurteilen sie durch das Anathema zu einer immerwährenden Verdammung, damit keine menschliche Macht sie aufrichten darf und damit sie keine Beziehung zu den Christen haben; und sie seien verflucht in der Stadt, verflucht auf dem Lande, verflucht seien ihre Haushaltungen, verflucht die Früchte ihres Leibes und ihrer Felder, ihre Rinderherden und ihre Schafherden! Verflucht seien sie bei ihrem Eingang und Ausgang, verflucht seien sie in ihren Wohnungen und als Flüchtige auf den Feldern, von allen abgesondert sollen sie ihre Eingeweide umherstreuen wie der falsche und elende Arius! ... Kein Christ soll ihnen ein Wort sagen, nicht einmal ‚Salve‘! Kein Priester soll die Messe in ihrer Gegenwart zelebrieren, und wenn sie krank sind, soll man ihnen nicht die Beichte abnehmen, und man soll ihnen auch nicht das allerheiligste Altarsakrament im letzten Augenblick ihres Lebens spenden, sofern sie ihren Fehler nicht anerkennen und um Vergebung bitten. Ihr Grab aber soll das des Esels sein, und sie sollen wie ein Misthaufen auf der Erde liegenbleiben, damit sie für die künftigen Geschlechter ein Beispiel der Schande und Verdammung sind.“ Nach diesen Worten warfen die Bischöfe die Fackeln, die sie getragen hatten, auf die Erde und setzten diese anderen Worte hinzu, die vielleicht noch schrecklicher als das Vorhergehende sind: „So wie diese Fackeln zu unseren Füßen verlöschen, soll die Fackel ihres Lebens für alle Ewigkeit verlöschen.“

Zwei religiöse Angelegenheiten erregten die Gemüter der französischen Geistlichen mit einer Heftigkeit, die in dem einen Fall verständlich und in dem anderen unbegreiflich wirkt. Und merkwürdig ist, daß die weniger bedeutende Angelegenheit die leidenschaftlichsten Streitigkeiten heraufbeschwor: die Frage, ob der heilige Martial zu den Aposteln gehörte. Niemand bezweifelte damals, daß Sankt Martial ein Zeitgenosse Christi war; um die Mitte des neunten Jahrhunderts hatte der Diakon Florus in seinen „Nachträgen zu Bedas Martyrologium“ geschrieben, daß Sankt Martial einer von den zweiundsiebzig Jüngern Jesu gewesen sei und daß der heilige Petrus selbst ihn von Rom nach Gallien entsandt habe; im zehnten Jahrhundert erschien unter dem Namen Aurelianus eine Lebensbeschreibung Sankt Martials, in der erklärt wurde, dieser Heilige habe dem Stamm Benjamin angehört und am Abendmahl Christi teilgenommen; er hätte sich nach Rom begeben und wäre von dort mit seinen Gefährten Sankt Austrinianus und Sankt Alpinianus nach Gallien gegangen. Diese frei erfundene Legende hatte sich in der Zeit Roberts allgemein durchgesetzt. Niemand dachte daran, dieses Zeugnis für ungültig zu erklären; doch die Mönche von Saint-Martial in Limoges wollten noch weitergehen und beanspruchten für Martial den Aposteltitel. Hierbei stießen sie nun auf den Widerstand des Bischofs Jourdain; die Kathedrale von Limoges war dem Erzmärtyrer Stephanus geweiht, und der kirchlichen Rangordnung zufolge stehen die Apostel über den Märtyrern. Deutlich ist zu erkennen, worauf die Bestrebungen der Mönche abzielten: Sie wollten sich von der Jurisdiktion des Bischofs befreien, indem sie behaupteten, daß ihr Heiliger dem des Bistums überlegen sei.

Der zweite Vorgang, der das religiöse Leben erschütterte, war das von der Sekte der Katharer unternommene Bekehrungswerk, und obwohl es überwiegend in das elfte Jahrhundert fällt, werden wir zu ihm einige Anmerkungen machen, weil es ganz eindeutig den mystischen Überschwang zeigt, zu dem das französische Volk wegen seiner Existenzängste gelangt war. In großem Umfang griffen Unruhe stiftende Gedanken als Folge jenes trostlosen Zustandes um sich; und wie zunächst das Katharertum und hierauf Jerusalem, die Heilige Stadt, so konnte auch der Chiliasmus eine derartige Beunruhigung sein. Eine Frau, die vom Teufel besessen war, „diavolo plena", hatte die Ketzerei aus Italien eingeführt. Diese wurde von mehreren Domherren der Kathedrale Sainte-Croix angenommen, die sie in der Stadt und der Umgebung verbreiteten. Es läßt sich nicht mit historischer Genauigkeit sagen, welchen tatsächlichen Ursprung diese Sekte hatte. Nicht wahrscheinlich ist, daß das reine Katharertum, das der zukünftigen Albigenser, deren früheste kleine Gemeinschaften erst 1035 in der Lombardei auftauchen, vor dem Beginn des elften Jahrhunderts von der Apenninenhalbinsel nach Mittelfrankreich vordringen konnte. Hin und her fliegende, niemals abgestorbene Keime des alten asiatischen [orientalischen] Manichäismus, die damals von einigen unruhigen Geistern aufgenommen wurden, mußten sich hier und da spontan entwickeln: Vor dem Jahr 1000 gab es bodenständige Katharer in der Champagne; und das Glaubensbekenntnis, das Gerbert bei seiner feierlichen Einsetzung in das Amt des Erzbischofs von Reims ablegte, spielt ganz unzweifelhaft auf den eigentümlichsten von diesen manichäischen Lehrsätzen an, der besagt, daß das Prinzip des Bösen und der Teufel ebenso wie Gott ewig seien. Rodulfus Glaber zufolge leugneten die erwähnten Kleriker von Orléans die Trinität der Personen in der Einheit Gottes und lehrten die Ewigkeit der Welt. Die Akten der Konzilien von Orléans und Arras und die „Wunder des heiligen Benedikt" enthüllen uns noch mehr: Die Taufe, die Eucharistie, die Heilige Jungfrau, die Heiligenverehrung, die Priesterhierarchie, die Liturgie, der Weihrauch und das Glockengeläut – keine Glaubenslehre, kein christlicher Brauch wurden von ihnen geachtet.

Dies bedeutete eine vollständig ablehnende, negative Haltung, die vielleicht mehr der waldensischen Häresie als dem eigentlichen Katharertum ähnelte und eher rationalistisch als theologisch ausgerichtet war. Zwei Zeilen Glabers sagen uns, daß „sie mit ihrem abscheulichen Hundegebell die Häresie Epikurs verkündeten und nicht an die Bestrafung der Verbrechen oder an die ewige Belohnung der frommen Werke glaubten". Mochten die Ketzer von Orléans nun Epikureer oder Manichäer sein, jedenfalls erregten sie einen entsetzlichen Skandal. Die neue Religion wurde sogleich von Frauen, Mönchen und sogar einem Beichtvater der Königin namens Stefan angenommen; das Volk murrte leise und erfand über die Dissidenten alle erdenklichen Verleumdungen – die gleichen, die sich einst die Heiden gegen die ersten Christen ausgedacht hatten. Ein Grund, der am stärksten die schnelle Verbreitung dieser Lehre förderte, war der Rat, den die neuen Apostel erteilten, daß man die Zehnten nicht bezahlen solle. Robert und die Königin Konstanze begaben sich persönlich nach Orléans, um den Vorsitz des Bischofskonzils zu übernehmen, das beauftragt war, die Apostaten zu verurteilen. Die Gerichtssitzung in der Kathedrale dauerte neun Stunden. Keiner der Beschuldigten verleugnete seinen Glauben. Da der aufgewiegelte Pöbel sich der Kathedrale Sainte-Croix näherte, stellte sich die Königin an die Vorhalle der Kirche, um die Menge aufzuhalten. Als die ihrer kirchlichen Würden beraubten Kleriker aus der Kirche traten, verprügelte Konstanze, wie man weiter unten genauer erfahren wird, Stefan mit ihrem Stock und schlug ihm ein Auge aus. Die Ketzerei wurde mit grausamer Härte unterdrückt, und der Klosterchronist sagt, daß „die Bestrafung jener Toren den verehrungswürdigen katholischen Glauben auf Erden in noch hellerem Glanz erstrahlen ließ".

Die Persönlichkeiten

Wenn alle Denkmäler verschwänden, die der Zukunft die Erinnerung an die heutigen Menschen erhalten sollen, und Zeitungen, Gedichte, Romane, Memoiren, Briefe und Abbildungen zerfielen (wie es wegen der beschränkten Lebensdauer, welche die Chemikalien unserem Papier vergönnen, wahrscheinlich geschehen wird) und man lediglich auf ewigen ehernen Tafeln unsere Gesetze bewahrte – was würden die Menschen des dreißigsten Jahrhunderts dann über dieses schmerzgepeinigte, unruhige und kranke Zeitalter denken? Sicherlich würden sie glauben, daß unser Jahrhundert eine edle Epoche voller Ansprüche, Gleichheit, Sittlichkeit und hoher Gerechtigkeit war, eine Epoche, in der jeder glücklich sein konnte, der es wollte, eine Epoche, die größte objektive Möglichkeiten für das Wohlbefinden bereithielt – und trotzdem erscheint es uns in einem ganz anderen Licht.

Auf den vorhergehenden Seiten haben wir die Gesetze angeführt, die das Leben im zehnten Jahrhundert regierten; wir haben nur jenen abstrakten Begriff der Epoche wiedergegeben, den wir ihren soziologischen Logarithmus nennen könnten. Das Bild macht keinen heiteren Eindruck. Wir vermögen zu beurteilen, sogar ohne daß wir weitere Angaben besitzen, wie grausam und hart das damalige Dasein war. Wieviel bitterer wird es uns erst erscheinen, wenn wir seinen Gefühlslogarithmus vorführen, das heißt den Geisteszustand jener Menschen, ihren fortwährenden Zusammenstoß mit der Realität, den stetigen Ansturm ihrer Instinkte; mit einem Wort, das, wovon uns die Chroniken und die Briefsammlungen berichten?

I

Im Jahre 970 wurde Robert der Fromme, der erste König aus dem Geschlecht der Kapetinger, in Orléans geboren; sein Vater Hugo führte nämlich niemals einen derartigen Titel, weil er der Ansicht war, die Krone sitze nicht sicher genug auf seinem Haupt.

Und dieser „gute König Robert" ist eine ungewöhnliche Gestalt, die das zehnte Jahrhundert überragt und es symbolisiert: In seiner Seele ringen die widersprüchlichsten Neigungen miteinander, wie dies auch in den Seelen seiner Untertanen geschah; und wenn er heute lebte, könnte er vielleicht die Heiligsprechung verdienen, obgleich es ebenfalls möglich wäre, daß sein erhabener Körper im Gefängnis landete.

Sein grob gestaltetes Bildnis befindet sich inmitten der Skulpturen, die einige alte Kathedralen schmücken; er trägt einen langen, stattlichen Bart, und das Gewand der fränkischen Monarchen reicht ihm bis zu den Füßen. „Er war", heißt es in der Chronik von Saint-Bertin, „fromm, gelehrt, klug, ein recht guter Philosoph und in den kirchlichen Wissenschaften gebildet; vor allem aber ein Musiker. Er komponierte Hymnen und liturgische Tonfolgen ... Regelmäßig suchte er die Kirche Saint-Denis auf, wobei er mit dem Königsgewand bekleidet war und die Krone auf dem Kopf trug, um den Chor bei der Matutin, der Vesper und der Messe zu leiten, und er sang gemeinsam mit den Mönchen."

Welch sanftes Gemüt mußte dieser Mann haben! Von ihm stammen die lateinische Hymne auf den Heiligen Geist „Adsit nobis gratia" und die Tonfolgen „Concede nobis quæsumus Judæa et Hierusalem". Seine Gattin Konstanze bittet ihn, daß er etwas zu ihrem Gedenken komponieren solle, und Robert, der sie in Wahrheit nicht liebt, aber fürchtet, weil sie eine schreckliche Frau ist, verbirgt das mit der inbrünstigen Hymne, die so beginnt: „O Constantia martyrum!"; und die Königin ist mit dem Wortspiel einverstanden und äußert sich entzückt, als wäre diese Hymne wirklich ihr gewidmet.

Der Chronist Helgaldus erzählt, wobei er eine gewisse Neigung zum dithyrambischen Ton zeigt, daß „Robert eines Tages – als er vom Gebet zurückkehrte, bei dem er wie gewöhnlich einen Strom von Tränen vergossen hatte – entdeckte, daß seine Lanze von seiner eitlen Frau mit wertvollem Zierat geschmückt worden war. Während er die Lanze betrachtete, blickte er sich gleichzeitig auch um, ob er jemanden fände, der das Silber nötig hätte, und da er einen armen, in Lumpen gehüllten Mann bemerkte, bat er ihn um ein Werkzeug, mit dem er das Silber abbrechen könnte. Der Bettler kam mit einem solchen Werkzeug zurück. Beide schlossen sich zusammen ein und rissen das Silber ab, und sogleich steckte es der König mit den eigenen heiligen Händen in den Sack des Armen, und er empfahl ihm, wie er es zu tun pflegte, er solle sich sehr in acht nehmen, daß seine Frau ihn nicht sähe. Als die Königin erschien, zeigte sie sich verwundert, daß die Lanze ihres Schmucks beraubt war, und Robert schwor im Scherz beim Namen Gottes, er wisse nicht, wie etwas Derartiges geschehen konnte." „Und dabei war dieser König ein solcher Feind der Lüge, daß er die Adligen schwören ließ, indem sie die Hand auf einen Glaskasten legen mußten, der mit Gold eingefaßt war, und wohlweislich hatte er darin keine Reliquie aufbewahrt." In den Chroniken ist eine Fülle von Anekdoten über seine Freigebigkeit erhalten; er ließ sich geduldig und wissentlich bestehlen, und die Diebe verbarg er vor den Augen der grimmigen Konstanze. „Freund Oggerius", sagt er zu einem von ihnen, „geh augenblicklich fort von hier, damit meine unberechenbare Konstanze dich nicht verschlingt."

„Unter diesem guten Robert", ruft Michelet aus, „ging die schreckliche Zeit des Jahres eintausend vorüber, und es scheint, daß allein jener redliche Mann den göttlichen Zorn entwaffnet hat."

Der Herr im Himmel belohnte ihn, indem er ihm die Gnade gewährte, Wunder zu tun, und als er schon in seinen letzten Lebenstagen den Süden Frankreichs besuchte, verteilte er Almosen, tröstete furchtlos die Aussätzigen, berührte ihre Wunden, und wie erzählt wird, heilte er einige, indem er über ihnen das Kreuzeszeichen machte.

Dieser Mann ist ein Heiliger, nicht wahr? Schwerlich kann man ein solches Zartgefühl, eine größere Sanftmut, eine stärkere Beherrschung der verderbten Instinkte erreichen.

Nun denn; Robert heiratet Suzanne, die Tochter der Grafen von Flandern, und nach einem Jahr verstößt er sie, behält jedoch ihre Mitgift. Suzanne beschwert sich und droht. Robert bleibt für immer im Besitz der Mitgift. Zur gleichen Zeit beginnen die Feindseligkeiten zwischen Fulco Nerra, dem Grafen von Anjou, von dem wir weiter unten sprechen werden, und Odo, dem Grafen von Blois. Odos Gattin ist Berta, die ihm fünf Kinder geschenkt hat. Robert lernte damals Berta kennen, und bei einem ihrer Kinder stand er Pate. Als er heimkehrte, war er in Liebe zu ihr entbrannt – einer wahnsinnigen, rasenden, schrankenlosen Liebe zu jener Frau, die schon dreißig Jahre alt und sechs Jahre älter als er war. Robert tat alles, was in seiner Macht stand, um Odo zugrunde zu richten; er erklärte sich offen für den Grafen von Anjou. Odo sah sich gezwungen, einen Waffenstillstand zu erbitten, der ihm gewährt wurde. Während dieser Zeit erkrankt er lebensgefährlich, und da ihm klar ist, daß nach seinem Tod sich Fulco Nerra der Staaten bemächtigen wird, die seinen Nachkommen zustehen, schickt er Boten an Hugo und Robert; er fleht sie an, ihm seine Fehler zu verzeihen, und er verspricht eine angemessene Wiedergutmachung. „Der gerührte Hugo", erzählt Pfister, „ist beinahe schon zum Nachgeben bereit; doch der empörte Robert hindert ihn daran, Gnade zu gewähren, und weist das Gesuch der Abgeordneten zurück. Als diese an die Loire zurückkehrten, war Odo als Mönch in der Abtei Marmoutier gestorben."

Nach kirchlicher Berechnung sind Robert und Berta überdies Verwandte dritten Grades. Beide konsultierten die berühmtesten Gelehrten ihrer Zeit: Berta besprach sich mit Gerbert in Reims; dieser führte ihr jedoch alle Gefahren einer solchen von der Kirche verurteilten Verbindung vor Augen. Dennoch fühlten sich die beiden Liebenden zueinander hingezogen. Sie setzten sich über alle Rücksichten hinweg. Es gibt keinerlei Beweise, daß Robert sich gegen seinen Vater Hugo aufgelehnt hätte; doch durch seine Liebe zu Berta bereitete er ihm schweren Kummer. Nach dem Tode Hugos (996) fand die Eheschließung statt. Das französische Episkopat sanktionierte die Heirat: Unter Mitwirkung vieler Bischöfe segnete Archambaudus, der Erzbischof von Tours, die Verbindung Roberts und Bertas. Dies hatte zur Folge, daß der König mit Fulco von Anjou brach und fortan zum Beschützer des Grafengeschlechts von Blois wurde. Wer hätte gedacht, daß jener Mann, der ein Hymnarium geschaffen hatte und der Inbegriff so vieler evangelischer Tugenden war, gleichzeitig heftigen Trieben gehorchte und die Moral mißachtete! Doch das neue Bild, das dieser König nun bietet, ist damit noch nicht vollendet.

Die Synode von Pavia droht ihm: „König Robert, der trotz des päpstlichen Verbots eine Verwandte geheiratet hat, muß vor Uns erscheinen, um Uns Genugtuung zu geben, und ebenso wie er auch die Bischöfe, die diese blutschänderische Heirat erlaubt haben. Wenn sie sich weigern zu kommen, sollen sie vom heiligen Abendmahl ausgeschlossen werden." Der König versucht dann, die Angelegenheit zu regeln, und schickt den gelehrten Abbo nach Rom, wobei er eine andere Sache, die Amtsenthebung Arnulfs, des Erzbischofs von Reims, als Vorwand nimmt. Dieses Vorhaben scheiterte; der Papst gab nicht nach und Robert auch nicht. Schließlich berief der Heilige Vater in Jahre 998 – zwei Jahre vor der schrecklichen Jahrtausendwende – ein allgemeines Konzil und nicht mehr nur eine Synode nach Rom ein. Dies sind die Kanones des Konzils: *Kanon* I. – „König Robert muß seine Verwandte Berta verlassen, die er gesetzwidrig geheiratet hat. Sieben Jahre lang muß er Buße nach den kirchlichen Vorschriften tun. Wenn er sich weigert, sei er verflucht. Das gleiche Urteil wird über Berta gefällt." *Kanon* II. – „Archambaudus, der Erzbischof von Tours, der diesen Bund gesegnet hat, und alle Bischöfe, die an dieser blutschänderischen Hochzeit teilgenommen haben, werden vom heiligen Abendmahl suspendiert, bis sie nach Rom gekommen sind und Genugtuung geleistet haben."

Im tiefsten Inneren seines religiösen Gewissens mußte Robert wohl einige Unruhe empfinden, als er erkannte, daß auf seiner Seele die fürchterliche und unheilvolle Bürde eines Bannfluchs lastete; doch er und auch die zeitweilig amtsenthobenen Bischöfe stellten sich taub.

Am sechsundzwanzigsten Oktober 999 war Berta immer noch die Gattin des Königs der Franken; an diesem Tag machte Robert der Abtei Saint-Maur-des-Fossés eine Schenkung „auf Bitten seiner lieben Mutter Adelaide und seiner Ehefrau Berta".

Der König befand sich in einer ganz ungewöhnlichen Lage. Seine fromme Gestalt, wie sie sich in der volkstümlichen Überlieferung zeigte, geriet offensichtlich in den Dunstkreis der Verworfenen. Deshalb war es nur natürlich, daß sich um ihn alle möglichen Legenden rankten, und da das frühe Mittelalter schwere und bittere Träume hatte, ist es selbstverständlich, daß diese Legenden unheimlich, verwünscht und beängstigend waren. Petrus Damiani erzählt, daß die Leute wegen des Bannfluchs vor Robert flohen und nur zwei Diener bei ihm blieben, die ihm das Essen bereiteten, und selbst diese hätten die Teller, von denen er gespeist, und die Gläser, aus denen er getrunken, ins Feuer geworfen. Schließlich wurde die göttliche Strafe zum Alptraum, und Berta hätte ein Ungeheuer mit Gänsekopf und -hals geboren. An der Vorhalle einiger Kathedralen entdeckt man Skulpturen, die eine Königin darstellen, aus deren Rockfalten ein mit Schwimmhäuten versehener Fuß hervorkommt, und die Gelehrten streiten weiter, ob dies etwa die berühmte Königin Pédauque oder vielleicht die gefeierte und in Liedern besungene Berta mit dem großen Fuß, die Gemahlin Pippins des Kurzen, wäre. Die Geburt eines derart jämmerlichen Ungeheuers läßt sich allem Anschein nach aber nicht bestätigen, weil der bereits erwähnte Petrus Damiani auf literarischem Gebiet eher dazu neigt, sich an schönen Geschichten und phantasievollen Erzählungen zu erfreuen, als seine Behauptungen und Neuigkeiten sorgfältig zu überprüfen und kritisch zu beurteilen.

Jedenfalls konnte Robert schließlich seinen Liebeswahn bezwingen, und wahrscheinlich unter dem Vorwand, daß die Ehe kinderlos geblieben war, trennte er sich von Berta, die im September 1001 nicht mehr als Königin auftrat. Dennoch blühte jene Leidenschaft in seinem Herzen weiter, und bis zum Tode bewahrte er die Hoffnung, wieder mit der ungewöhnlichen Frau zusammen zu leben, die nichts dagegen einzuwenden hatte, sich mit demjenigen zu verbinden, der ihren ersten Ehemann in den Tod getrieben hatte.

Die dritte Gemahlin des Königs ist Konstanze. Man kann, allerdings nicht mit letzter Gewißheit, annehmen, daß sie dem Geschlecht der Grafen von Anjou entstammte. Sie war eine Frau des Südens, energisch, aktiv, herrschsüchtig und vielleicht grausam. Rodulfus Glaber sagt: Um das Jahr 1000 nach Christi Geburt, als König Robert die Prinzessin Konstanze von Aquitanien geehelicht hatte, öffnete die Gunst der Königin die Tore Frankreichs und Burgunds den Leuten aus der Auvergne und aus Aquitanien. „Diese eitlen und leichtfertigen Menschen waren in ihren Sitten ebenso wunderlich wie in ihrer Kleidung; sie hatten ihre Waffen und das Geschirr ihrer Pferde gleichermaßen vernachlässigt; ihre Haare reichten nur bis zur Hälfte des Kopfes herunter; sie schoren sich den Bart wie Komödianten, sie trugen unanständige Stiefel und Schuhe; schließlich durfte man von einem Bündnis mit ihnen keine Sicherheit erwarten und ihnen nicht vertrauen. Ach! Dieses Volk der Franken, das ehedem das ehrbarste von allen war, und ebenso das Volk Burgunds folgten begierig solch schlimmen Beispielen, und gar bald ahmten sie sehr getreu die ganze Verderbtheit und Niedertracht ihrer Vorbilder nach." Wenn ein Mönch oder ein anderer gottesfürchtiger Mann einen derartigen Lebenswandel verurteilte, wurde ihr Eifer als Torheit behandelt. Dennoch ließ Pater Wilhelm, ein Mann von unerschütterlichem Glauben und ungewöhnlicher Standhaftigkeit, die nichtige Scheu vor dem Urteil der Welt fahren und hörte ganz auf die Eingebung des Heiligen Geistes, als er den König und die Königin heftig tadelte, daß sie derartige Schändlichkeiten in ihrem Reich duldeten, das von alters her in allen übrigen Ländern berühmt war, weil es der Ehre und der Religion die Treue gehalten hatte. Er richtete an die hohen Herren oder auch an die weniger Vornehmen solch strenge und drohende Worte, daß die meisten von ihnen seinen Ratschlägen willig gehorchten, auf die unsittlichen Moden verzichteten und zu den alten Bräuchen zurückkehrten. Der heilige Abt glaubte, in diesen Neuerungen einen Fingerzeig Satans zu erkennen, und versicherte, daß „ein Mensch, der aus der Welt ginge, ohne diese teuflische Tracht abgelegt zu haben, sich nicht aus ihren Fallstricken lösen könnte". Demzufolge wirkte Konstanzes Einzug in jenen nördlichen Staat wie ein Trompetenstoß, der die kalten Herzen der Landesbewohner in Schrecken versetzte.

Wie Pfister [S. 65] sagt, führte Konstanze nicht nur neue Sitten am Hofe ein, sondern begann auch auf der Stelle, Zwietracht zu stiften. Es bildeten sich zwei Parteien: die der früheren und die der neuen Königin. Berta fand Unterstützung bei ihrem Sohn Odo [Eude], der damals ungefähr vierundzwanzig Jahre alt war und der gerade die Nachfolge seines Bruders Theobald in den Grafschaften Blois, Tours und Chartres angetreten hatte. Auf Konstanzes Seite stand ihr Vetter Fulco Nerra. So wird denn der alte Kampf zwischen den Geschlechtern Blois und Anjou nun von den Ufern der Loire an den Hof selbst verlegt und konzentriert sich auf den Kreis um die beiden Nebenbuhlerinnen. Das Herz des Königs schlug für Berta, während Konstanze sich niemals um seine Zuneigung bemühte und stets eitel, eigenwillig und anmaßend auftrat. Der Monarch fand keine anderen ruhigen und angenehmen Augenblicke als jene, in denen er mit seinen Begleitern über die ferne Berta sprechen konnte. Einer von ihnen, Hugo von Beauvais, gehörte zum Geschlecht der Grafen von Blois; und deshalb war er ein Anhänger der ehemaligen Königin. Robert verlieh ihm den begehrten Pfalzgrafentitel und große Güter. Als Robert im Jahre 1008 eines Tages zusammen mit ihm auf die Jagd ging, stürzten sich zwölf von Fulco Nerra geschickte Meuchelmörder auf den unglücklichen Hugo und töteten ihn vor den Augen des Königs. Die Königin Konstanze scheint an diesem verbrecherischen Abenteuer beteiligt gewesen zu sein, und der König „fühlte sich tieftraurig in der Seele" – „moesto factus animo" (Helgaldus).

Das Leben mit dieser fürchterlichen Frau wurde Robert

unerträglich, wie wir weiter oben gesagt haben; er mußte sogar vor ihr Angst bekommen, und im Jahre 1010 begab sich der Monarch nach Rom, angeblich in der Absicht, gewisse Schwierigkeiten zu bereinigen, die sich aus den Entscheidungen einer in Orléans abgehaltenen Synode ergaben; und Berta folgt ihm. Doch Papst Sergius IV. zeigte sich unerbittlich, und er weigerte sich entschieden, die Wiederaufnahme einer blutschänderischen Verbindung gutzuheißen: So blieb denn Robert endgültig mit Konstanze vereint, und es scheint, daß der arme König sich seitdem auf sich selbst zurückzieht, den leeren Raum in seiner Brust mit geistlichen Übungen und religiöser Inbrunst ausfüllt und sich der Gottheit als Opfer darbietet. In dieser Zeit hatte sich Konstanze zusammen mit ihrem Sohn Hugo auf dem Schloß Le Theil in der Nähe von Sens aufgehalten.

Sie mußte sich schrecklich in ihrem Stolz verletzt fühlen, als sie sah, daß die Krone nicht allzu sicher auf ihrem Haupt saß. Die Chronisten berichten von Visionen, die sie damals hatte und durch die ihr in Gottes Auftrag versichert wurde, daß sie ihre Position an der Seite des Monarchen bewahren würde. Nachdem dessen Vorhaben gescheitert war, kann man sich unschwer vorstellen, wie sehr sich ihr herrschsüchtiger, schroffer und jähzorniger Charakter verhärtete. Einmal, als Konstanze die Kathedrale Sainte-Croix verließ, wo eine Synode stattfand, auf der die Katharer verurteilt wurden, verprügelte sie wütend mit ihrem Stock denjenigen, der ihr Beichtvater und Vertrauter gewesen war: Stefan, einen der Begründer der Häresie; und sie schlug ihm ein Auge aus. Robert trat bei dieser Gelegenheit noch grausamer als seine Gemahlin auf: Er ordnete an, einen riesigen Scheiterhaufen vor den Stadttoren aufzuschichten, und am Fest der Unschuldigen Kinder (des Jahres 1002) wurden die obersten Führer der Sekte zum Richtplatz gebracht. „Die Inbrunst der gläubigen Anhänger", sagt Pfister [S. 334], „war überaus groß, und sie selbst boten sich den Henkern als Opfer dar. Vierzehn Ketzer wurden verbrannt, womit unter diesem frommen König die verabscheuenswerte Sitte der mittelalterlichen Autodafés eingeführt wurde."

Wie man sieht, fegte über die von der Religion gepredigte Sanftmut ein starker Sturm der Grausamkeit hinweg, und es kam gewissermaßen zu einem Aufruhr der Instinkte, der ebenso heftig, allerdings weniger von Gelehrsamkeit und Ästhetik inspiriert war als im Zeitalter der Renaissance.

Damit haben wir Roberts Verhalten und Gefühle im Privatleben veranschaulicht. Als Regierungsoberhaupt und Heerführer wirkt er blaß. Er bemächtigte sich des Herzogtums Burgund, bestrafte die aufständischen Großen, verteidigte die Grenzmarken gegen alle möglichen Einfälle; aber er war nicht mehr und auch nicht weniger ein Krieger als irgendeiner von seinen edlen Vasallen. Als Politiker war er sowohl im Inneren als auch bei den auswärtigen Beziehungen übermäßig nachgiebig, und wenn er günstige Bedingungen fand und Erfolge errang, muß man dies auf den wohltuenden Einfluß zurückführen, den sein Lehrer auf ihn ausübte: der große Gerbert, der zum Papst unter dem Namen Silvester II. erhoben wurde. Der Schatten dieses Pontifex breitete sich fortwährend über den König und dessen Taten; in schwierigen Situationen suchte Robert den Rat Gerberts, und dem Geschick des eifrigen Ratgebers hatte er ihre glückliche Bewältigung zu verdanken.

Es ist nicht notwendig, wie mir scheint, die verallgemeinernden psychologischen Schlußfolgerungen zu ziehen, die von der Persönlichkeit Roberts und seiner zwei Frauen nahegelegt werden. Die bloße Darstellung ihrer Taten und Sitten versinnbildlicht und erklärt die ganze Roheit, Unsicherheit, geistige und triebhafte Überspanntheit der Epoche, in die sie hineingeboren wurden – eine Zeit der Ängste und noch mehr eine Zeit der Exzesse, in der alles auf die Spitze getrieben wurde.

Wir wollen darauf hinweisen, daß eine weitere fesselnde Persönlichkeit im zehnten und am Beginn des elften Jahrhunderts hervortritt und mit ihren Werken die Epoche prägt: Fulco oder Foulques der Schwarze, „Nerra", seit 987 Graf von Anjou. Von ihm sagt ein moderner Historiker [Ch. Pfister], der sich umsichtig in seinem kritischen Urteil und genau in seinen Worten zeigt, daß „er gewiß eine der merkwürdigsten Gestalten des von uns untersuchten Königreichs ist. Man wollte aus ihm einen großen Taktiker im Krieg und einen tiefgründigen Politiker in Friedenszeiten machen. Man führte ihn uns vor, wie er ‚mit zivilisatorischem Atem' die Sklaven befreite, die Wälder in Ackerland verwandelte, über den Unterricht der armen Schüler in Maine und Anjou wachte und ‚freimütige Briefe diktierte, die unverkennbar von seiner Persönlichkeit geprägt werden'. Mit einem Wort, man hat ihn uns als einen großen Mann dargestellt, der von der Höhe seines Genies aus das Jahrhundert beherrschte. Fulco war jedoch seiner Epoche nicht überlegen; vielmehr könnte man sagen, daß er ihre Verkörperung ist. Fulco versetzte seine Zeitgenossen in maßloses Erstaunen; er erschreckte sie mit seinen Verbrechen und erregte ihre Bewunderung mit seiner standhaften Buße, was so weit ging, daß man nicht weiß, welches Gefühl bei den damaligen Schriftstellern überwog, die uns von ihm berichten. Fulco war einer von jenen Menschen, die unvermittelt von einem Extrem ins andere verfallen. Er richtet entsetzliche Metzeleien an; er scheut vor nichts zurück, und plötzlich zeigt sich seinem Geist die Schuld, die er auf sich geladen hat, in ihrer ganzen Größe, Gewissensbisse peinigen ihm das Herz, der gröbste Aberglauben sucht ihn heim: Dann beugt er sich, und seine Reue kennt keine Grenzen. Doch die Reue geht gerade ihres Übermaßes wegen schnell vorüber, und abermals tritt der habsüchtige und blutdürstige Mann hervor. Die Legende fand bei Fulco vielfältige Anregungen, und darum ergreift sie auch Besitz von dieser Gestalt, so daß es heute sehr schwerfällt, den Punkt zu bestimmen, wo die Wahrheit endet und die Dichtung beginnt. Fulco, so wird erzählt, erdolchte mit eigener Hand seine erste Frau Elisabeth, die des Ehebruchs angeklagt war: eine Legende … Eine Legende ist auch die Strafe, die er seinem Sohn Godfried auferlegt haben soll: Er hätte ihn nach einer Empörung gezwungen, mehrere Meilen mit einem Packsattel auf den Schultern zu laufen. Doch

dank all dieser Phantasiegeschichten kann man den wahren Charakter jenes Mannes – eine Mischung aus Grausamkeit und Aberglauben – einschätzen, bei dem die Größe der Verbrechen nur von der Größe seiner Bußübungen aufgewogen wurde." [Vgl. Pfister, S. 224 f.]
Er bemühte sich unablässig, seine Staaten zu vergrößern, und mit dem Grafen von Blois lebte er in immerwährender Feindschaft. Wir haben bereits gesehen, daß er in diesem Krieg die Oberhand behielt und daß seine Macht wuchs, als Berta verstoßen wurde und seine Cousine Konstanze den Thron bestieg. Dieser rastlose und streitsüchtige Mann ließ den König, den Erzbischof von Reims und alle Nachbarn keinen Augenblick in Ruhe. Als der „Gottesfrieden" eingeführt wurde, brach er ihn häufig: Auf seinen Befehl wurden Günstlinge Bertas und andere Feinde ermordet; er erlaubte seinen Soldaten, Blutbäder anzurichten, die bis zu dreitausend Opfer forderten – eine unglaubliche Menge in jener Zeit, da Kämpfe mit wenigen Leuten ausgetragen wurden –, und die schreckenerregenden Auswirkungen dieser Metzeleien kamen selbst den deutschen Chronisten zu Ohren. Der König lud ihn mehrmals in aller Form vor sein Gericht, weil er unter der Anklage stand, Majestätsverbrechen begangen zu haben, so etwa den vor den Augen des Königs verübten Mord an Hugo de Beauvais; Fulco erschien niemals, und er verstand es, sich so geschickt zu verhalten, daß der Monarch ihm nicht länger grollte.
Auf die schweren Verbrechen folgten Anfälle asketischer Begeisterung, und so unternahm er auch drei Fahrten nach Jerusalem, wodurch er sogar seinen Bußübungen den ausgeprägten Beigeschmack von Abenteuern gab, und in diesen Jerusalemreisen sowie in dem Brief Gerberts an die christlichen Fürsten kann man den ersten Ursprung der Kreuzzüge entdecken.

II

Wenn man über das zehnte Jahrhundert spricht – und selbst wenn dies derart andeutungsweise geschieht, wie wir es tun –, so verbietet es sich, den Namen Gerberts unerwähnt zu lassen. Zweifellos ist er die gewichtigste Persönlichkeit des ganzen Jahrhunderts, sein gelehrtester und weitsichtigster Vertreter und vielleicht auch sein größter Diplomat.

Er wird in der Auvergne als Kind armer Eltern geboren und aus Barmherzigkeit von den Mönchen des Klosters Aurillac erzogen. Er hat einen derart großen Wissensdurst, daß er sich nicht mit dem zufriedengibt, was man in einem französischen Kloster lernen kann; und gleich den alten Philosophen Griechenlands pilgerte er von Stadt zu Stadt und hörte die berühmtesten Lehrer. So kommt er auch nach Vich, wo Borrel, der Graf der Spanischen Mark, ihn Bischof Hatto vorstellt, und der Überlieferung zufolge gelangt er sogar nach Córdoba, wo er sich die ganze Wissenschaft der Araber aneignet und sich der Magie widmet, die durchaus nicht nur weiße Magie ist. Einer von seinen zeitgenössischen Biographen sagt, daß er in der Stadt der Kalifen lernte, „nebelhafte Gestalten aus der Hölle hervortreten zu lassen" – „exire tenues ex inferno figuras". Tatsächlich erwarb er den größten Wissensschatz, der in seiner Zeit möglich war. Otto von Deutschland macht ihn zum Lehrer seines Sohns und seines Enkels. Danach lehrt er an der Schule in Reims, der er einen hohen kulturellen Rang verleiht und aus der Männer wie Fulbert von Chartres und der Geschichtsschreiber Richer hervorgehen. In dieser Zeit beginnt er, als Erzieher auf Robert, den Sohn Hugo Capets, einzuwirken, und es gelingt ihm, bei diesem gewisse geistige und künstlerische Neigungen zu fördern, und während dessen Herrschaft versehen einige hohe Herren ihre Briefe mit der Zeitangabe „regnante rege Theosofo". Die Begeisterung, mit der Gerbert die Schule von Reims beseelte, ist des Lobes wert, denn sie war der Ausgangspunkt für die darauffolgende kulturelle Wiedergeburt. Die Liebe zu den Büchern bekommt bei diesem Gelehrten monomanische Züge; fortwährend schreibt er Briefe, in denen er um Manuskripte bittet und den Tausch von Büchern vorschlägt. Wenn er erfährt, daß sich irgendwo ein kostbares Buch befindet, verlangt er sogleich eine Abschrift. Er unterläßt kein Opfer, wenn er nur das Gewünschte erhält. Eberhard, dem Abt von Saint-Julien in Tours, schreibt er: „Ich verwende meine ganze Sorgfalt darauf, eine Bibliothek zusammenzustellen: Seit langem kaufe ich für viel Geld in Rom und den anderen Städten Italiens, in Germanien und Belgien Manuskripte von Autoren, wobei mich meine Freunde in jeder Provinz wohlwollend und eifrig unterstützen. Erlaubt mir, daß ich Euch um einen Dienst bitte. Die Autoren, von denen ich Abschriften wünsche, sind am Ende dieses Briefs angegeben. Ich werde den Kopisten das Pergament und das notwendige Geld schicken, wie Ihr es anordnet, und mich stets Eurer Hilfe erinnern." „In den bedeutendsten Städten des zivilisierten Europa", sagt Pfister [S. 20], „steht er mit Leuten in Verbindung, die gewissermaßen seine Korrespondenten sind und die alten Bibliotheken durchforschen, für ihn diejenigen Bücher abschreiben lassen, die ihm noch gefehlt hatten." In Sens ist Ramnulfus sein Beauftragter, dem er zwei Sous zuschickt, weil der Band, den er abschreiben läßt, sehr lang ist, und er verspricht, eine größere Summe zu übersenden, bis der Abt ihm mitteile, daß es genug sei. Der Band, den er bestellt hat, scheint aus den Werken Ciceros zu bestehen, denn wenig später, als Adalbero stirbt und Karl von Lothringen sich der Stadt Reims bemächtigt, schreibt er an denselben Ramnulfus: „Für uns ist von den menschlichen Dingen nichts so kostbar wie die Wissenschaft der hervorragenden Männer, die in zahlreichen Bänden dargelegt wird. Setze also das Werk fort, das du begonnen hast, und biete uns Dürstenden die Wellen der Beredsamkeit des M. Tullius. Möge M. Tullius kommen, um uns zu trösten und die Sorgen zu verscheuchen, die uns bedrängen." Und so sehen viele weitere Briefe Gerberts aus, die Olleris in seiner Briefsammlung veröffentlicht hat; sie offenbaren den unendlichen Wissenshunger, der diesen Mann der Jahrtausendwende gepackt hielt. Nur so ist zu erklären, daß er in seinem Hirn alle erreichbaren Kenntnisse der Dialektik, Rhetorik, Theologie, Astronomie, Musik, Medizin und Magie – sowohl der weißen wie der schwarzen – speicherte. Nur so ist auch zu erklären, daß er Werke über viele von diesen Fachgebieten verfaßt hat, die damals höchstes Lob ernteten und von denen nur eine theologische Kontroverse auf uns gekommen ist; daß er die Pendeluhr, den Abakus und die Kreuzzüge erfunden hat. Das letztgenannte wirkt bei Gerbert am überraschendsten; anscheinend hatte er vorausgeahnt, daß sich am Ende des zehnten Jahrhunderts die zivilisierten Länder wie aus einem Alptraum erheben, ihre Ideale auffrischen, ihre Willenskraft stärken und voller Glauben alle Mühen einer Wiedergeburt auf sich nehmen würden. Der Brief, in dem Silvester II., der erste französische Papst, die christlichen Länder anspornt, die Augen auf Jerusalem zu richten, ist vielleicht der Gipfelpunkt dieser Epoche.

Hugo Capet nahm dessen Dienste bei fast allen außenpolitischen Angelegenheiten in Anspruch, und daher schrieb er auch den Brief an Basileios II. und Konstantinos VIII., die Kaiser von Konstantinopel, in dem er für Robert um die Hand einer Kaisertochter bat: Dieser Brief ist musterhaft in seinen listigen Formulierungen, und wenn er erfolglos blieb, so muß man die Ursache anderswo und nicht in Mängeln dieser Epistel suchen.

Mitten in seinen tiefen wissenschaftlichen Meditationen erneuerte er energisch den Einfluß des Papsttums auf Frankreich, das, wie wir gesehen haben, sich in einem weitgehend geschwächten Zustand befand. Gerberts Erhebung zur ersten Würde der Kirche beeindruckte jedoch seine Zeitgenossen außerordentlich, weil die meisten Prälaturen und kirchlichen Würden den vornehmsten Familien als erbliche Sinekuren gehörten, und die religiösen Institutionen selbst waren dem Verdienst des einzelnen nicht günstig gesonnen. Dies geht so weit, daß die Phantasie des Volkes auf die Vorstellung verfallen ist, Gerbert hätte in Córdoba einen Pakt mit dem Teufel geschlossen, damit dieser ihm helfen sollte, die Papstwürde zu erringen; und der Teufel soll ihm zugleich vorausgesagt haben, daß er in Jerusalem sterben werde. Als mehrere Jahre vergangen waren und er eine Zeremonie in einer Kapelle Roms vollzog, die „Jerusa-

lem" hieß, wäre der Teufel tatsächlich erschienen und hätte dem marmornen Vers Dantes folgend ausgerufen:
            „Tu non pensavi ch'io loico fossi!"[1]
Ein Chronist berichtet, daß er dort von Satanas zu Tode geprügelt wurde: „A diavolo enim percussus dicitur obüsse."

Ein Legenden erzählender Dichter schildert folgendermaßen die letzte Nacht des Jahres eintausend:
„Die Stunden eilten dahin; bald würde die Glocke des Kapitols die Ankunft der Mitternacht verkünden, und die letzte Minute des Jahres eintausend sollte die schrecklichen Worte der Apokalypse in Erfüllung gehen sehen. Doch das Haus Gerberts, dem sich die Blicke und die Herzen zuwandten, lag immer noch stumm und finster da. Im letzten Stockwerk des Turms, der dem Papst als Observatorium diente, wo er den Lauf der Sterne verfolgen konnte, schimmerte eine kleine Lampe wie eine hoch oben am Mast eines Schiffs hängende Laterne. Hinter dem Sabinergebirge geht der zunehmende Mond purpurrot wie der Widerschein einer Feuersbrunst auf. Je höher er emporstieg und dabei immer bleicher im Blau der Atmosphäre wurde, desto gewaltiger hob sich die Fassade des Laterans zwischen Rom und dem Himmel ab.
Die Angst des Volkes wurde zu wachsender Verzweiflung. Die Mönche zogen von Haus zu Haus und erinnerten an die Schreckensbilder der Heiligen Schrift, beschworen die dunklen Wahnvorstellungen der Millenarier, die tragische Offenbarung von Patmos, die Berechnungen über die Stadt Gottes herauf ... Da unten, im Nebel, jenseits des Forums und des Palatins, hat die Glocke des Kapitols geläutet: Beim ersten Ton des Trauergeläuts warf sich die vor Entsetzen irrsinnige

---

[1] „Du dachtest wohl nicht, daß ich auf Logik mich verstünde?" Zitiert nach: Dante Alighieri, „Göttliche Komödie", übersetzt von Karl Witte, durchgesehen und herausgegeben von Berthold Wiese, Verlag Philipp Reclam jun. Leipzig, 1970; 27. Gesang, V. 122–123, S. 106. [Anm. d. Übers.]

Menge auf die Knie, sie hielt die Hände gefaltet, ohne eine Träne zu vergießen; die schreckliche eherne Stimme breitet sich rasch aus, rollt von Ruine zu Ruine, von Hügel zu Hügel, und sie wirkt wie ein herrischer und schmerzerfüllter menschlicher Klageruf; und nun erhebt sich aus zehntausend Mündern zum Lateran, zum himmlischen Vater, ein einmütiger Ruf, der Gesang des Miserere. Auf der Plattform des Turms erscheinen zwei Schatten: der Papst und der Kaiser. Otto ist in seinen Hermelinmantel gehüllt, der weißer als der Schnee glänzt, seine blonde Haarflut bedeckt der Goldhelm; Gerbert trägt die schwarze Benediktinertunika. Der Kaiser wendet sich sehnsüchtig zu den Bergen von Latium und blickt über Tivoli hinweg zu dem Punkt, wo das nächste Mal die Sonne aufgehen wird: Gerbert neigt seine kahle Stirn in der ihm eigentümlichen Haltung; gelassen beobachtet er in seinen astronomischen Spiegeln den unfehlbaren Lauf der Stunde da oben am Himmel. Und während weiter unten, auf dem Kapitol, das Totengeläut in heftigeren Wellen erklingt und der Psalmengesang der Menge wie stürmisches Meeresrauschen anwächst, steigt aus der erleuchteten Basilika, wo sich die Bischöfe und die Heiligen vor den Reliquienschreinen niedergeworfen haben und beten, voll trauriger Majestät ein neues Lied empor: ,Parce Domine, parce populo!'

Der Papst hat das Haupt erhoben; er ruft den Kaiser zu sich, mit dem Finger deutet er auf das Zeichen der Sterne, das Zeichen Gottes, und küßt ihn. Dann scheint die eherne Stimme in den Tiefen des fernen Nebels zu versinken: Auf dem Monte Celio und in San Giovanni in Laterano verstummen plötzlich die schreckensvollen Lieder, die flehentlichen, an Gott gerichteten Rufe um Erbarmen. Der Kaiser kniet zu den Füßen des Papstes nieder; Gerbert breitet die Arme aus, als wollte er die apostolische Stadt an sein Herz drücken; und im weihevollen Schweigen Roms und des Himmels stimmt oben auf seinem Turm der alte Heilige Vater das *Tedeum* an.

Das Jahr eintausend war vorüber und nur noch ein böser Traum. Die Römer kehrten nach Hause zurück und sangen dabei fröhliche Lieder; und in jenem Jahr, einem

Jahr der Auferstehung und der Hoffnung, feierte man Silvester am ersten Januar, um den Papst und Astronomen zu ehren, dessen Uhren mit Hilfe der Sterne so genau eingestellt waren."

III

Nun wollen wir über eine merkwürdige Persönlichkeit sprechen. Es geht um einen Mönch, den man durchaus als einen durchschnittlichen Vertreter seiner Amtsbrüder ansehen kann: Er heißt Rudolf der Kahle, Raoul oder Rodulfus Glaber und hat eine umfängliche Chronik in fünf Büchern hinterlassen, die den Zeitraum von 987 bis 1044 behandeln. Er ist bei weitem der beste Schriftsteller seiner Epoche, und obgleich es zutrifft, daß eine derartige Feststellung kein großes Lob bedeutet, ist es doch auch wahr, daß ein von ihm formulierter Satz berühmt wurde und daß man seine ganze Chronik ohne die mindeste Langeweile lesen kann. Dieser letztgenannte Umstand wirkt überaus ungewöhnlich, denn seinen einigermaßen gebildeten Zeitgenossen fehlt es, Gerbert ausgenommen, ganz entschieden an Unterhaltsamkeit und munterem Geist, so daß mit ihnen das geschehen kann, was man über einen armen Soldaten erzählt, der, nachdem er ein Verbrechen begangen hatte, zu den Galeeren verurteilt wurde, oder wenn ihm diese Strafe lieber wäre, sollte er Guicciardini lesen. Der Unglückselige entschied sich für die Lektüre, weil er sie der Zwangsarbeit vorzog; doch nach wenigen Tagen erbat er als eine große Gefälligkeit, man solle ihn zum Galeerensträfling machen, anstatt ihn weiter italienische Geschichten lesen zu lassen.

Rodulfus Glaber ist schlicht und offenherzig. Alles, was er berichtet, hat er mit eigenen Augen gesehen, oder er hat es von ganz zuverlässigen Zeugen gehört, an die er wie an die Allerheiligste Dreifaltigkeit glaubt. Er will seine eigene Person nicht in einem falschen Licht erscheinen lassen, indem er sich bestimmte Tugenden zuschreibt; er, der in vertrautem Umgang mit zwei oder drei Heiligen lebte, war lediglich ein Mönch von mäßigem Glaubenseifer, „in der Sünde seiner Eltern gezeugt, mit ungebührlichen Sitten und einem Lebenswandel, der weniger würdig war, als man es aussprechen kann". Ein Onkel hatte sich des kleinen Burgunders angenommen, der damals zwölf Jahre alt und bereits ziemlich aufgeweckt war, ein verderbliches Interesse für das Geschlechtsleben und erstaunlichen Starrsinn zeigte; und ganz gegen seinen Willen steckte man ihn in die Mönchskutte. Rodulfus beichtet treuherzig, daß er sich aus Hochmut allen seinen Oberen widersetzt, den alten und ehrwürdigen Patres den Gehorsam versagt, die gleichaltrigen Brüder erzürnt und die Novizen gequält habe; wohin er auch kam, atmete man auf, wenn er fortging. Aus mehreren Klöstern wurde er hinausgeworfen: „Dank meiner Kenntnisse als Gelehrter war mir stets eine Zufluchtsstätte sicher." Tatsächlich erhielt er im Kloster Saint-Germain in Auxerre den Auftrag, die von der Zeit zerstörten Grabschriften wiederherzustellen; doch sobald er mit diesen Inschriften fertig war, schickte man ihn fort. Wilhelm, der Abt von Saint-Bénigne, gewährte ihm Obdach in Dijon und nahm ihn mit sich nach Italien. Als er bereits alt war und sich seine Abenteuerlust zweifellos beruhigt hatte, ließ er sich endgültig in Cluny nieder, wo er seine Geschichte unter den Augen des Abtes Odilo beendete. Dieser wagemutige Benediktiner hauchte seine trotz alledem lautere Seele um die Mitte des elften Jahrhunderts im Herrn aus.

Der Chronist Rodulfus Glaber war in seiner allgemeinen sittlichen Haltung kein Asket oder Mystiker, unwillig sträubte er sich gegen jede Disziplin, er neigte zur Bosheit und hatte das unstete Wanderleben gern. Sein Temperament war nicht das eines Revolutionärs oder Häresiarchen; er hatte wirkliche Angst vor der Hölle, und er war außerstande, einen Glaubensabfall zu erwägen. In seiner Lebensbeschreibung des heiligen Wilhelm von Dijon zeigt sich seine christliche Gesinnung. Von dem ganzen frommen Wirken, aus dem das Dasein dieses Heiligen bestand, bewahrt Glabers Erinnerung nur die intimen Tugenden, die unbedeutenden Andachtsübungen, die kasuistischen Entscheidungen bei der Klosterregierung. So erzählt er als eine bedeutende Angelegenheit, daß Wilhelm ein Mittel ersonnen hatte, um sich geistlich mit Gott zu vereinigen, und zwar nicht durch das innige oder leidenschaftliche Gebet, ebensowenig durch freies Meditieren oder durch das erhabene Streben der mystischen Liebe, sondern durch das allermechanischste Verfahren, an dem die Lippen größeren Anteil als das Herz hatten: Man sprach die folgenden fünf Worte mehrmals aus, wobei die Zahl der Wiederholungen festgelegt war: „Domine, Jesu, Rex pie, Rex clemens, Pie Deus."

Seine geistige Bildung war so gering wie sein religiöses Bewußtsein. Sein Latein ist schwer verständlich und fehlerhaft, seine Gedanken sind unbeholfen und wirr, ihm fehlt der kritische Sinn, und an dessen Stelle tritt eine unnütze und genüßliche Bosheit. So gibt er mit unerschütterlichem Glauben alle Wunder wieder, die in seiner Zeit erzählt wurden, und vielleicht wirken diese Seiten deshalb auf uns Leser angenehm und sogar reizvoll. Er berichtet zum Beispiel, daß in Ravenna ein gewisser Lehrer namens Vilgardus im Traum Vergil, Horaz und Juvenal gesehen hätte, die ihm dankten, weil er sich ihren Werken widmete, und die ihm versicherten, daß er an ihrem Ruhm teilhaben würde. Vilgardus verkündete nun in der Öffentlichkeit, man müsse alle ihre Verse für Glaubenssätze halten; und er wurde der Ketzerei angeklagt und verurteilt. Ihm hätten sich in Italien zahlreiche Anhänger angeschlossen, die durch Feuer und Schwert umgekommen wären.

So bekundet Glaber den Haß, den die Mönche gegen die heidnische Antike empfanden. Als er von Gerbert spricht, findet er sich zwar bereit, ihm „einen sehr scharfen Verstand und einen in den freien Künsten gut ausgebildeten Geist" zuzugestehen, doch zusammen damit weist er sogleich auf dessen intrigantes Gemüt und Geschick hin, sich listig ein Vermögen zu erwerben.

Wir wollen nun einen der absonderlichsten Wesenszüge dieser Epoche erwähnen: die Furcht vor dem Teufel. Der Leibhaftige geht um, und er übt eine unmittelbarere, vielfältigere und unnachgiebigere Macht aus als

Gott selbst. Die armen Mönche, deren Verstand infolge der mangelnden Bildung bedroht ist, die sich allein auf die Theologie – eine Theologie ohne Dialektik – zurückgezogen haben und sich den melancholischen und überschwenglichen Träumen des Zölibats hingeben, leiden unter einer wahrhaftigen geistigen Auszehrung. Zu jeder Stunde wiederholt man ihnen, daß Satanas sie unermüdlich belauere, um sie in einen Hinterhalt zu locken; man warnt sie vor allen erdenklichen Verführungskünsten, mit denen der böse Feind sie ins Verderben stürzen wolle: die heidnische Poesie, die Anmut der Natur, der Stolz auf die Wissenschaft, die Fallstricke der Lust. Die Ordensregel selbst sagt ihnen, daß es heiße, die Gefahr zu lieben, wenn man sich in die Angelegenheiten der Außenwelt einmische und sich mit den Freunden draußen unterhalte. Überall ist der Teufel. Sie finden seine Gestalt an den wunderlichen Kapitellen ihrer Kirchen, im Chor und an den Sockeln; der Dämon kauert sich zwischen die Pfeiler der Vorkirche, er sieht sie von der Spitze des Glockenturms an und macht ihnen Zeichen; sie wissen, daß er sich sogar in ihre kleinen Zellen einschleicht; er setzt sich an das Kopfende des Bettes und bläst ihnen die Versuchung ein; sie spüren die Gegenwart des Teufels an allen Orten und in ihrem eigenen Gewissen, ja selbst auf den Stufen des Altars. Da sie so hartnäckig an ihn denken, möchten sie ihn schließlich erblicken, weil sie sich an seine verborgene Anwesenheit gewöhnt haben. Der Leibhaftige läßt, wie das natürlich ist, nicht lange auf sich warten; endlich stehen sie ihm von Angesicht zu Angesicht gegenüber, und zweifellos genießen sie gewisse Wonnen, die es in der höllischen Ekstase auch geben muß.

Unser Mönch, dessen Seele unruhig und nicht vollkommen rein war, sollte es häufig mit dem Teufel zu tun bekommen. Beim ersten Mal war er stärker als der andere und überwand dessen Bosheit. Ein Scharlatan verkaufte als Märtyrerreliquien die Knochen gewöhnlicher Toter, die er von den Friedhöfen stahl; wenn er sich in eine andere Provinz begab, wechselte er zugleich den Namen, und er übte sein die Frömmigkeit ausnutzendes Gewerbe in den Regionen Savoyen und Maurienne aus. Eines Tages bot er dem heiligen Wilhelm und mehreren Bischöfen die falschen Reliquien des heiligen Justus für eine Kirche an, die diesem in Susa geweiht wurde. Er behauptete, daß ihn des Nachts ein Engel besuchte, der ihn von seinem Bett aufhöbe, „ohne daß seine Frau es bemerkte". Im Beisein Glabers, der bereits einen sträflichen Betrug witterte, wurde er eingehend befragt. „Wir erkannten, daß dieser Mann nichts Engelhaftes hatte, sondern ein Diener der Lüge war." Die frommen Leute glaubten an die Echtheit der Reliquien; die Bischöfe hatten Zweifel und legten sie gleichwohl unter die Steine der Altäre. Die Mönche und die Geistlichen, die den Auftrag hatten, in der Kirche zu wachen, befiel in der folgenden Nacht eine große Angst. „Scheußliche Gestalten pechschwarzer Äthiopier drangen aus der Kapelle hervor, in die man jene Knochen gelegt hatte, und verließen sogleich die Kirche." Die Dämonen traten den Rückzug an, da sie vielleicht von der Geringschätzung unseres Chronisten abgestoßen wurden, der in ernstem Ton hinzufügt: „Ich rate den Kranken, den Ränken der Dämonen zu mißtrauen, die von unzählig vielen Arten sind. Man weiß ja, daß man sie überall auf Erden findet, und ganz besonders in den Quellen und Bäumen."

Doch der treuherzige Rodulfus wurde desungeachtet von der List des Teufels überwältigt, und er bekennt, daß er drei Visionen hatte. Eines Nachts – im Kloster Saint-Léger, vor der Frühmesse – „sah ich", so erzählt er, „am Fußende meines Betts ein kleines, menschlich aussehendes finsteres Ungeheuer. Soweit ich es erkennen konnte, hatte es einen schlanken Hals, ein hageres Gesicht, tiefschwarze Augen, eine schmale und runzlige Stirn, eine platte Nase, einen hervortretenden Mund, einen Ziegenbart, gerade und spitze Ohren, straffe und unordentliche Haare, Hundszähne, ein spitzknochiges Hinterhaupt, eine eingesunkene Brust, einen buckligen Rücken und schäbige Kleider, und das ganze Wesen bewegte sich aufgeregt." Dieser von der Natur so stiefmütterlich behandelte Dämon packte das Bett des guten Mönchs und rüttelte wütend an ihm, wobei er mit den

Zähnen knirschte und sagte: „Dir bleibt wenig Zeit!"
Glaber entkam mehr tot als lebendig und suchte Zuflucht am Altar des heiligen Benedikt. Wie diese waren auch die anderen Visionen, und es scheint, daß der Teufel sich hartnäckig darauf versteifte, Rache für Rodulfus' Ausschweifungen zu nehmen.

Mit großer Vorliebe erzählt unser Chronist ebenfalls von wunderbaren und übernatürlichen Erscheinungen. In der Nähe der Burg Joigny regneten drei Jahre hintereinander Steine in allen Größen auf das Haus eines Edelmanns namens Arlebaudus herab; das waren ländliche Grenzsteine oder aus weit entfernten Gebäuden losgerissene Brocken; der schreckliche Ansturm ging ohne Unterlaß weiter, und es bildete sich ein immer größerer Haufen, ohne daß jemals ein Mensch verletzt wurde. Dieses wunderbare Ereignis hatte verhängnisvolle Auswirkungen: Über dreißig Jahre lang hörten in der Familie des Arlebaudus die Streitigkeiten und Mordtaten nicht auf. Heinrich, der Sohn des Königs Robert, belagerte die Burg Tonnerre und richtete ein wahrhaftiges Blutbad an. Wie es scheint, hatte der Teufel dies vorausgesagt, denn ein Jahr zuvor war ein Geistlicher, der in der besagten Burg lebte, eines Sonntagabends vor der letzten Mahlzeit ans Fenster getreten und hatte gesehen, wie eine Menge kriegerischer Reiter aus dem Norden kam und sich nach Westen wandte; plötzlich verschwanden sie alle gleich einem leichten Dunst, und „der gute Geistliche brach entsetzt in Tränen aus". In Orléans, in der Klosterkirche Saint-Pierre-le-Puellier, weinte im Jahre 988 ein Kruzifix, wie Jesus über die zukünftige Zerstörung Jerusalems geweint hatte. Als dann eines Nachts die Wächter der Kathedrale das Tor zur Stunde der Frühmesse öffneten, sahen sie einen Wolf hereinkommen, der zum Glockenstrang rannte, ihn mit den Zähnen packte und mit aller Kraft die Glocke läutete, um zur Messe zu rufen. Mit vielen Schreien und Schlägen konnte man den absonderlichen Sakristan vertreiben. Einige Monate später wurde Orléans ein Raub der Flammen: Die Kirchen gingen zusammen mit den Bürgerhäusern im Feuer unter. „Niemand bezweifelt", sagt Glaber,

„daß das gerade von mir erzählte Wunderzeichen dieses Unheil vorhergesagt hat."

Das Mittelalter, das sich am Übernatürlichen berauschte, gebrauchte für die Sicht der Dinge eine ganz eigentümliche Verstandesoptik. Die Voreingenommenheit für das Wunder, die Unkenntnis jedes aus dem Experiment gewonnenen Gesetzes, das krankhafte Forschen nach dem Mysterium, jener Glaube, der den von den Sinnen wahrgenommenen Gegenstand für ein Bild oder ein Zeichen, eine Drohung oder eine Verheißung hält, der dem Sichtbaren keinen anderen Wert zuerkennt als jenen unsichtbaren Teil, den das Sichtbare für den großen Haufen mit einem dichten, für die Augen der Gelehrten und der Heiligen indes durchscheinenden Schleier verhüllt – dieser ganze überschwengliche Idealismus peinigte den Geist des zehnten Jahrhunderts und hob ihn auf den Gipfel visionärer Schwärmerei. Die Herzöge träumen davon, Mönche zu werden: Wilhelm I., der Herzog der Normandie, der Kaiser Heinrich II., Hugo I., der Herzog von Burgund, usw. Jerusalem, die Heilige Stadt, taucht allmählich am angstverdüsterten moralischen Horizont als Idee und Bild des Heils auf.

Die Pilgerfahrten beginnen, und diese Leidenschaft, die in den folgenden Jahrhunderten zur beherrschenden werden sollte, gewinnt schon die Seelen der Fürsten und Könige an der Jahrtausendwende; Fulco Nerra von Anjou besucht San Giovanni in Laterano und dreimal Jerusalem; Robert der Teufel oder der Prächtige bereist ebenfalls Palästina und stirbt in Nikäa. Eine große, von der trostlosen Wirklichkeit erzwungene Pflichtaufgabe ist jener spiritualistische Drang, der während der ganzen zweiten Hälfte des Jahrhunderts diese kraftvollen hohen Herren und diese bettelarmen Bauern nach Santiago, nach Rom, nach Monte Cassino und nach Jerusalem zum Heiligen Grab treibt. Während diese Männer als unstete Wanderer die heiligen Stätten aufsuchen, erheben sich in Frankreich Kapellen und Kirchen, und es wird die große christliche Renaissance der Architektur des elften Jahrhunderts vorbereitet.

Doch bleiben wir weiter bei Rodulfus Glaber, der uns

besser als jede allgemeine Betrachtung den Geisteszustand der Epoche offenbaren wird. „Für uns Christen ist alles ein Bild"; so kündigt er eine historische Methode an, die er ersonnen hat und die recht absonderlich ist: die der *göttlichen Vierheit [quaternitas]*. Die *Vierheiten*, eine heilige Zahl, sind für die griechischen Kirchenväter eine Art von Gesetz oder Rhythmus sowohl der himmlischen Erscheinungen wie auch der irdischen Ereignisse; der Geist, der sich auf hohe Spekulationen einlassen will, muß sich zuerst „in deren gegenseitige Einflüsse versenken"; und hierauf zählt unser Mönch alles auf, was im Universum in Vierergruppen auftritt: die vier Evangelien, die vier Kardinaltugenden, die vier Sinne (der Tastsinn, der unter den Sinnen den fünften Platz einnehmen müßte, wird von dem kabbalistischen Mönch geringschätzig verworfen), die vier Elemente usw. Wir wollen ihm nicht bei seinen symbolistischen Abschweifungen folgen. Zusammen damit erscheinen die weniger philosophischen abergläubischen Vorstellungen der Bauern. Einige höchst merkwürdige werden angeführt: Um eine gute Ernte zu haben, dürfe man nicht mit der Feldarbeit beginnen, bevor man dreimal etwas Brot und Hafer sowie eine brennende Kerze um den Pflug getragen habe. Damit die Samenkörner mehr Frucht bringen, empfehle es sich, sie durch ein Sieb zu schütten, das aus Wolfsleder bestehe und nur dreißig Löcher habe, oder man solle auch einen Maulwurf über sie hinweglaufen lassen. Um die gefräßigen Vögel zu verscheuchen, müsse man das Feld mit Wasser begießen, in das man ein Hirschhorn geworfen habe, und auf dieses Horn auch mehrmals den Namen „Raphael" schreiben.

Man findet eine große Zahl von unechten Reliquien: ein Stück vom wundertätigen Stab des Moses, eine Sandale Jesu Christi (in Anjou) und den Kopf Johannes des Täufers – oder genauer gesagt, einen von den sieben, die damals als der Kopf dieses Heiligen anerkannt waren und die alle aufsehenerregende Wunder wirkten. Als die Jahrtausendwende naht, gibt es überall im Himmel und auf Erden schreckliche Zeichen. Im Jahre 922 waren in der Nähe von Cambrai gleichzeitig drei Sonnen und zwei miteinander kämpfende Schwerter am Himmel zu sehen, bis eine Wolke sie verdeckte. Im Jahre 934 geschah es in verschiedenen Orten Frankreichs, daß sich die Fackeln von allein entzündeten, und viele Menschen hatten furchtbare Visionen. An Allerheiligen wurde ein elender Krüppel in der Kirche von Reims plötzlich gesund.

Am dritten Septembertag des Jahres 936 beobachtete man, daß sich der Mond mit Blut bedeckt hatte. Im Jahre 940 behauptete ein armes Mädchen namens Chlothilde, das aus einem Dorf in Lothringen stammte, es hätte unzweifelhaft und im wachen Zustand blutige Visionen erlebt; dieses Mädchen starb am Weihnachtstag. In demselben Jahr erblickte man unterschiedlich gefärbte Kriegsflotten am Himmel.

Im Jahre 946 tobte ein entsetzlicher Sturm in der Umgebung von Paris, der viele Häuser vernichtete, und überraschend konnte man einige Teufel in der Gestalt von Reitern entdecken, während sie eine Kirche zerstörten und danach die Saatfelder verwüsteten. „Alle diese übernatürlichen Erscheinungen", schließt Rodulfus Glaber, „sollten die Menschen auf den Weg der Buße einem besseren Leben entgegenführen."

Doch wie hätten jene Menschen auch nicht derartige Wunder erblicken sollen? In einem Zeitraum von dreiundsiebzig Jahren wüteten achtundvierzig Jahre lang Hungersnöte und Seuchen. Im Jahre 987 gab es eine große Hungersnot und eine Seuche; im Jahre 989 eine große Hungersnot; von 990 bis 994 eine Hungersnot und die Seuche des heiligen Feuers; im Jahre 1001 eine große Hungersnot; von 1003 bis 1008 eine Hungersnot und ein Massensterben; von 1010 bis 1014 eine Hungersnot, das heilige Feuer und ein Massensterben; von 1027 bis 1029 eine Hungersnot (und Anthropophagie); von 1031 bis 1033 eine furchtbare Hungersnot; im Jahre 1035 eine Hungersnot und eine Seuche; in den Jahren 1045 und 1046 eine Hungersnot in Frankreich und Deutschland; von 1053 bis 1058 eine Hungersnot und ein Massensterben, das in diesem ganzen fünfjährigen Zeitraum andauerte; im Jahre 1059 eine Hungersnot, die sieben Jahre weitergehen sollte, und ein Massensterben.

Weiter oben haben wir die Hauptgründe für diese aufeinanderfolgenden und derart hartnäckigen Hungersnöte angeführt. „Dies war" – Glaber zufolge – „die Strafe für die Vermessenheit der Menschen." Das Antoniusfeuer *[mal de Saint-Antoine]* oder das heilige Feuer *[mal des ardents]* dezimierte die Volksmassen, besonders während des Jahres 994 in Aquitanien. Der Chronist schildert diese schreckliche Pest als „ein verborgenes Feuer, das diejenigen Gliedmaßen verdorren ließ und vom Körper trennte, die es befiel. Eine Nacht genügte ihm, um seine Opfer zu verzehren."

„Und hierauf kehrte der Hunger zurück."

Der Preis für ein Mud Weizen betrug nun sechzig Goldsous. Die Reichen wurden blaß und mager; die Armen gingen in die Wälder, um Wurzeln abzunagen; einige von ihnen, was schrecklich zu sagen ist, verschlangen schließlich sogar Menschenfleisch. Auf den Wegen wurden die Schwachen von den Starken überwältigt, die sie zerstückelten, kochten und verspeisten. Einige zeigten den Kindern ein Ei oder eine Frucht, um sie anzulocken und zu verschlingen. Dieser Wahn und diese Raserei nahmen dermaßen zu, daß ein Tier sicherer als ein Mensch war.

Als wäre es fortan eine allgemein eingeführte Sitte, Menschenfleisch zu essen, wagte sogar ein Mann, es auf dem Markt von Tournus zum Verkauf anzubieten. Er leugnete das nicht und wurde verbrannt. Ein anderer grub während der Nacht dasselbe Fleisch wieder aus, verspeiste es und wurde ebenfalls bei lebendigem Leibe verbrannt.

„Im Wald von Mâcon, bei der Kirche Saint-Jean-de-la-Châtaigneraie, hatte ein Schurke eine Hütte gebaut, in der er diejenigen abschlachtete, die ihn um gastfreundliche Aufnahme baten. Ein Mann entdeckte Knochenreste und konnte fliehen. Man fand achtundvierzig Köpfe von Männern, Frauen und Kindern. Die Hungerqualen waren so schlimm, daß viele Gips aus der Erde scharrten und ihn mit dem Mehl vermischten. Eine andere Landplage kam hinzu: Die Wölfe wurden von der Menge der unbegrabenen Leichen angelockt und fielen die Menschen an. Die gottesfürchtigen Leute hoben nun Gräber aus, in die der Sohn den Vater, der Bruder den Bruder und die Mutter das Kind schleppten, wenn sie sahen, daß diesen die Kräfte schwanden; und oft sprang selbst der Überlebende, der am Dasein verzweifelte, ihnen in die Grube nach."

Was nützte es, diese Aufzählung fortzusetzen und neue beängstigende Szenen aneinanderzureihen? Wenn sich zu den Leiden, die wir „gesetzmäßig" nennen könnten, diese anderen hinzugesellen, die zufällig und unerwartet auftreten – wohin soll man dann die Augen wenden? Der Tod wäre besser gewesen. Ist es da erstaunlich, wenn ein paar phantasievolle Schwärmer nach der Lektüre der Apokalypse glaubten, das Weltende sei nahe? Ein Wunder wäre gerade, daß nicht alle daran geglaubt hätten und daß das französische Volk mit neuer Kraft und neuem Eifer aus so vielen Qualen hervorgegangen wäre. Doch aus diesem ganzen wahnwitzigen Zeitalter, aus all diesem Schmerz und dieser Bitternis erhob sich ein mächtiger Ruf des Heils, der kraftvoll in jeder Brust widerhallte; ein Wort, das Symbol einer neuen Erlösung, das am Himmel des Orients wie ein Kreuz aus strahlenden Schweifsternen aufgetaucht war: „Jerusalem". Und die Franzosen rüsteten sich zum Kampf gegen die Ungläubigen und trafen die notwendigen Reisevorbereitungen, indem sie derart viele Gotteshäuser errichteten, daß – der wunderschönen Erklärung Rodulfus Glabers, des treuherzigen Mönchs von Cluny, zufolge – es so schien, als legte die ganze Welt ihr altersschwaches Gewand ab und bedeckte sich mit einem weißen Kleid von Kirchen.

Die Legende

I

Michelet schreibt: Im Mittelalter glaubte man allgemein, daß die Welt im tausendsten Jahr der Schöpfung enden müsse. Die Welt des Mittelalters sah in sich selbst nur Chaos: Sie strebte nach Ordnung und erhoffte diese im Tod. Außerdem konnte man in diesen wunder- und legendenträchtigen Zeiten, in denen alles in einem seltsamen, gleichsam durch düstere Kirchenfenster einfallenden Licht erschien, daran zweifeln, ob die sichtbare Wirklichkeit etwas mehr als ein Traum wäre.

Das Wunderbare prägte das Alltagsleben. Ottos Streitmacht hatte vollkommen deutlich gesehen, daß die Sonne ihre Kraft verloren hatte und safrangelb geworden war. König Robert, der mit dem Kirchenbann belegt war, weil er eine Verwandte geheiratet hatte, hielt nach der Niederkunft der Königin ein Ungeheuer in den Armen. Der Teufel dachte überhaupt nicht daran, sich zu verstecken; man hatte ihn in Rom erblickt, wie er feierlich einem zauberkundigen Papst entgegentrat. Wer vermochte inmitten so vieler Erscheinungen, Visionen und fremdartiger Stimmen, angesichts der Wunder Gottes und der Blendwerke des Teufels, mit Gewißheit zu behaupten, daß die Erde sich nicht eines Morgens beim Erschallen der verhängnisvollen Posaune in Rauch auflösen würde? Es hätte damals sehr wohl geschehen können, daß das, was wir das Leben nennen, tatsächlich der Tod wäre und daß die Welt, wenn man dieser Richtschnur folgte, gleich jenem legendären Heiligen „zu leben begönne und zu sterben aufhörte" – „et nunc vivere incepit, morique desiit".

Ein derart trauriges Weltende war gleichzeitig die Hoffnung und der Schrecken des Mittelalters. Seht diese alten Statuen in den Kathedralen des zehnten und elften Jahrhunderts, die abgehärmt und stumm sind und deren Gesicht sich hinter der angenommenen Starre zu einer Grimasse verzieht, die Spuren eines leiderfüllten Lebens zeigen und die häßlich wie der Tod sind. Seht, wie sie mit gefalteten Händen um diesen ersehnten schrecklichen Augenblick bitten, um diesen zweiten Tod in der Auferstehung, der sie von ihren unüberwindlichen Kümmernissen befreien und sie vom Nichts zum Sein, vom Grab zu Gott führen soll.

So sieht das Ebenbild dieser armen, verzweifelten Welt nach derart vielen Katastrophen aus. Das Römische Reich war zusammengebrochen; das Reich Karls des Großen hatte sich ebenfalls aufgelöst; das Christentum hatte es zunächst für notwendig gehalten, den Übeln auf Erden abzuhelfen, doch die Übel erhielten sich weiter. Unglück folgte auf Unglück, Katastrophe auf Katastrophe. Unbedingt mußte etwas anderes kommen, und man erhoffte es. Der Gefangene hoffte im dunklen Burgturm, im grabesdüsteren Klosterkerker; der Leibeigene hoffte in der Ackerfurche, im Schatten der verhaßten Burg; der Mönch hoffte im klösterlichen Kreuzgang während der Fastenzeiten, im einsamen Aufruhr seines Herzens, inmitten der Versuchungen und der Sünden, der Gewissensbisse und der befremdlichen Visionen, als ein jämmerlicher Spielball des Teufels, der ringsum seine grausamen und närrischen Streiche vollführte und der des Nachts an der Bettdecke des Mönchs zog und ihm fröhlich ins Ohr raunte: „Du bist verdammt."

Alle sehnten sich danach, um jeden Preis der Trübsal zu entrinnen. Sie hielten es für besser, ein für allemal in Gottes Hand zu fallen und für immer auszuruhen, selbst wenn dies in einer Lagerstatt aus Flammen wäre. Überdies mußte ja auch jener Augenblick seine besonderen Wonnen haben, da die laut schallende und herzzerreißende Posaune des Erzengels den zu Boden Geworfenen in den Ohren gellen würde. Dann würde sich aus dem Burgturm, dem Kloster und der Ackerfurche ein schreckliches Gelächter inmitten des Wehklagens erheben.

Das sagt die Legende. Wie ist sie entstanden? Welche zuverlässige Grundlage hat man für sie ermittelt? All das wollen wir kurz erläutern.

Offenkundig ist der *Chiliasmus* oder Millenarismus im ganzen Mittelalter nicht untergegangen. Gewiß war er nicht durchweg eine gelehrte theologische Sekte, die ihre beunruhigenden und subtilen Theorien bei Rufinus suchte und durch Interpretationen des Origenes und Augustins bestätigte. Der Chiliasmus hinterließ einen Bodensatz an abergläubischen Vorstellungen, die im Mittelalter oft hervortraten und das eifrige Bemühen zu erkennen gaben, die Heilige Schrift symbolisch, ja sogar kabbalistisch zu deuten. Andererseits hatten die Menschen jener Jahrhunderte, wie wir gesehen haben, eine Einbildungskraft, die zu schrecklichen, qualvollen Phantasien neigte, und ihr Lieblingsbuch war stets die Offenbarung des Johannes. In diesem Buch kann man lesen: „Und wenn tausend Jahre vollendet sind, wird der Satanas los werden aus seinem Gefängnis und wird ausgehen, zu verführen die Heiden an den vier Enden der Erde, den Gog und Magog, sie zu versammeln zum Streit, welcher Zahl ist wie der Sand am Meer."[1]

Die übernatürlichen Erscheinungen, die wir weiter oben erwähnt haben, erhöhten die Zahl der Übereinstimmungen zwischen einigen geheimnisvollen Worten der Heiligen Schrift und den Ereignissen. Jesus hatte gesagt: „Wenn ihr aber hören werdet von Kriegen und Empörungen, so entsetzet euch nicht. Denn solches muß zuvor geschehen; aber das Ende ist noch nicht so bald da ... Und es werden geschehen große Erdbeben hin und wieder, teure Zeit und Pestilenz; auch werden Schrecknisse und große Zeichen vom Himmel geschehen."[2]

Daher ist es nicht verwunderlich, daß Rodulfus Glaber ausruft: „Nach der Prophezeiung des Johannes wird Sa-

---

[1] Offenbarung, 20, 7–8. [Anm. d. Übers.]
[2] Lukas, 21, 9, 11. [Anm. d. Übers.]

tanas sehr bald aus seinen Ketten losgelassen, weil tausend Jahre vollendet sein werden."

Diese Furcht vor der baldigen Wiederkehr des Teufels mußte einige Gemüter schon seit Beginn des zehnten Jahrhunderts erregen. Im Jahre 954 schrieb Adso sein „Libellus de Antichristo", um die Königin Gerberga zu beruhigen. Adso bestreitet, daß die Ankunft des Antichrist nahe sei, und er gibt hierfür einen merkwürdigen Grund an. Der Antichrist werde, wie er sagt, nicht eher erscheinen, bis sich alle Königreiche vom Römischen Reich losgelöst haben, dem sie unterworfen gewesen seien. Nun sei diese Zeit aber noch nicht gekommen, denn wir können zwar feststellen, daß das Römische Reich fast ganz vernichtet sei, doch solange die Franzosen von Königen regiert werden, werden diese die Stellvertreter des Römischen Reichs sein. Unsere Lehrer unterrichten uns, daß in den letzten Zeiten ein französischer König den römischen Erdkreis beherrschen werde – und dieser soll der größte und der letzte von allen Königen sein – und daß er, nachdem er sein Reich weise regiert habe, nach Jerusalem gehen und auf dem Ölberg sein Zepter und seine Krone niederlegen werde.

Adsos Buch mußte nicht vollständig überzeugend wirken, weil die Chronisten weiter gewisse, sehr bedrohlich klingende Sätze niederschrieben, und in den Kirchen stimmte man eine schreckliche Hymne an, die das *Dies iræ* ankündigte:

> Audi, tellus, audi, magni maris limbus;
> Audi, homo; audi omne quod vivit sub sole;
> Veniet, prope est, Dies iræ supremæ,
> Dies invita, dies amara;
> Qua cœlum fugiet, sol erubescet,
> Luna mutabitur, dies ingrescet,
> Sidera supra terram cadent.
> Heu miseri! Heu miseri! Quid homo ineptam
> Sequeris lætitiam?[1]

[1] „Höre, du Erde, höre, du Rand der hohen See; / Höre, du Mensch; alles höre, was unter der Sonne lebt; / Es wird kommen, es naht der Tag des höchsten Zornes, / Der ungern gesehene Tag, der bittere Tag; / Da der Himmel vergehen, die

Das Konzil von Trosly hatte nun im Jahre 909 erklärt: „Dum jam jamque adventus imminet illius in majestate terribili, ubi omnes cum gregibus suis venient pastores in conspectum pastoris aeterni." [„Während in diesem Augenblick der Anbruch jener Zeit in schrecklicher Herrlichkeit bevorsteht, da alle Hirten mit ihren Herden vor das Angesicht des ewigen Hirten treten werden."]

Abbo erzählt aus seiner Jugend (er wurde im Jahre 945 geboren): „De fine mundi coram populo sermonem in ecclesia Parisiorum audivi quod statim finito mille annorum numero Antichristus adveniret et non longe post tempore universale juditium succederet." [„Über das Weltende habe ich in einer Pariser Kirche eine öffentliche Predigt gehört, daß sogleich nach dem Ende des Jahrtausends der Antichrist erscheinen und nicht lange darauf das Jüngste Gericht folgen sollte."]

Und er fügt hinzu, um das Jahr 975 habe sich in Lothringen das Gerücht verbreitet, daß die Erde im Jahre 992 untergehen werde, weil dann Mariä Verkündigung und der Karfreitag – die Empfängnis und der Tod – zusammenfielen.

In der Chronik des Trithemius wird berichtet, daß Bernhard, ein Thüringer Eremit, im Jahre 960 von seinen eigenen Hirngespinsten oder von einem fremden Geist getäuscht wurde, als „diem jam imminere dicebat extremum et mundum in brevi consumandum" [„er sagte, daß der Jüngste Tag schon bevorstehe und die Welt bald zerstört werden solle"]. All dies offenbart, daß es damals eine vage Überzeugung gab, der schreckliche Tag sei nahe; doch diese Überzeugung hatte nicht mehr und auch nicht weniger Kraft und Bedeutung als viele andere zeitgenössische abergläubische Vorstellungen. Man hat nicht das mindeste Recht zu glauben, daß das Leben der christlichen Welt erlahmt wäre, da die Gewißheit des Endes es in Schrecken versetzt hätte. Spanien rang mit

Sonne rot aufleuchten soll, / Da der Mond verwandelt, der Tag zu schlimmer Pein wird, / Da die Sterne auf die Erde fallen sollen. / Ach, ihr Elenden! Ach, ihr Elenden! Warum trachtest du Mensch nach der törichten / Freude?" [Dt. vom Übers.]

den Mauren um jede Handbreit Land, und es erlebte einen der wenigen Momente gesunden Menschenverstandes, den die Vorsehung ihm gewährt hat. Ohne sich ablenken zu lassen oder zu ermatten, setzte es beharrlich sein Werk fort, das gewiß kein Kampf für Ideen war, vielmehr ein Kampf für das handgreifliche Stück Land, und nicht gegen den Halbmond, sondern gegen einen bestimmten Mauren im Grenzgebiet, der bei seinen Raubzügen die Saatfelder verbrennt, wie Menéndez y Pelayo scharfsinnig festgestellt hat.

Deutschland befand sich in einer Phase des Aufstiegs, die von der Herrschaft der Ottonen bezeichnet wurde. Italien befand sich zwar in einer Lage, die der Frankreichs entsprach; doch man hat keinen triftigen Grund für die Annahme, daß die chiliastischen Schrecken es erfaßt hätten. Das beweist Pietro Orsi in seiner Untersuchung über diese Frage, die 1887 in der *Rivista Storica Italiana* erschien.

Alles bleibt also auf Frankreich und auf jenen Visionär aus Thüringen beschränkt, der, als das Jahr 992 gekommen war und die Welt nicht unterging, seine Schüler verlor und in den Ruf geriet, ein Scharlatan zu sein.

Abgesehen von den bereits angeführten und reichlich vagen Textbelegen mußten sich die früheren Anhänger dieser Legende (denn heute hat sie keine mehr, wie wir glauben), um sie zu verteidigen, eines Abschnitts der Chronik bedienen, die William Godel, ein Mönch in Limoges, nach 1124 geschrieben hat, das heißt, etwas mehr als ein Jahrhundert nach dem schrecklichen Termin. In dieser Chronik heißt es: Als sich die Nachricht in der Welt verbreitete, daß Jerusalem von den Türken eingenommen worden sei – „Anno Domini MX in multis locis per orbem, tali rumore audito, timor et maeror corda plurimorum occupavit et suspicaci sunt multi finem sæculi adesse." [„Nachdem man im Jahre des Herrn eintausendzehn an vielen Orten auf der Welt eine solche Nachricht gehört hatte, haben Furcht und Trauer die Herzen der meisten ergriffen, und viele argwöhnten, daß das Weltende bevorstehe."]

Wie hieraus zu ersehen ist, spricht Godel über das

Jahr 1010. Die übrigen Chronisten der damaligen Zeit teilen nichts Derartiges mit, wenn sie über dieses Jahr schreiben. Als Rodulfus Glaber den Bericht über eine der schlimmsten Hungersnöte beendet, sagt er: „Man glaubte, daß die Ordnung der Jahreszeiten und die Gesetze der Elemente, die bisher das Universum regiert hatten, in ein ewiges Chaos zurückgefallen wären, und man befürchtete das Ende des Menschengeschlechts." Nun trat diese Hungersnot aber im Jahre 1033 auf. Auch dieses Zeugnis läßt sich also nicht verwenden, und ganz im Gegenteil nimmt es den vorhergehenden die Beweiskraft, die sie haben könnten, denn es bezeugt ja, daß es keinen allgemeinen Schrecken gab, als gerade das Jahr eintausend nahte, sondern daß vielerorts die Schriftsteller und Prediger versuchten, wenn es zu irgendeinem allgemeinen Unglück gekommen war, die verängstigten Gemüter aufzurütteln, und ihnen die Ereignisse in noch dunkleren Farben zeigten.

Der andere Beweis, den die Verteidiger der Legende anführen, besteht darin, daß in den Schenkungsurkunden an einige Klöster und Kirchen diese unheilverkündenden Worte zu lesen sind: „Mundi terminum appropinquante – Appropinquante etenim mundi terminis et ruinis crescentibus" [„Während das Ende der Welt naht – Während nämlich das Ende der Welt naht und die Unglücke zunehmen"]. Nun denn: Im siebenten Jahrhundert findet man mehrmals die gleiche Formel, im neunten Jahrhundert tritt sie am häufigsten auf, und in der ersten Hälfte des elften Jahrhunderts, nachdem der verhängnisvolle Termin verstrichen war, wird sie weitaus mehr gebraucht als im zehnten Jahrhundert, wie aus den Chartularien hervorgeht, die von der Académie des Inscriptions et Belles-Lettres unter der Leitung Eugène de Rozières veröffentlicht wurden.

Die Legende läßt sich nicht – und ließ sich nie – aufrechterhalten. Wie kann sie also entstehen?

Im sechzehnten und siebzehnten Jahrhundert kam es zu einer Wiedergeburt des Millenarismus oder Chiliasmus; unruhige und fieberhafte theologische Geister beschäftigten sich eingehend mit allen alten Sekten, die sie zu erneuern versuchten. Viele von ihnen lasen Origenes und verfielen auf das gleiche wie die ursprünglichen Chiliasten, und wenn sie Rufinus lasen, fanden sie eine Bestätigung für ihre wundergläubigen Ideologien. Wie der Manichäismus ist auch der Millenarismus im tiefsten Grund der christlichen Weltanschauung verwurzelt, und beide verschwinden nie vollständig; wenn sich eine günstige Gelegenheit bietet, erwachen sie zu neuem Dasein; und mit der großen theologischen Bewegung des sechzehnten Jahrhunderts erlebte das eine glanzvolle Rückkehr, was wie alter, für immer unbrauchbarer Plunder gewirkt hatte. Die neuen Chiliasten wollten die Geschichte ihrem Kredo nachgestalten, und da sie sich von jener Zahl eintausend anziehen ließen, die für sie eine mystische Verführungskraft besaß, durchforschten sie die Erinnerungen an jene Epoche. Tatsächlich eignete sie sich bewundernswert gut dafür, daß man auf ihrer Grundlage eine solche Legende hervorbrachte, die, wie wir am Anfang dieser unzusammenhängenden und unvollständigen Anmerkungen gesagt haben, besser als jede andere jenen Zeitpunkt, jenes historische Klima erklärt.

Nachdem die Legende ausgebildet war, setzte sie sich ungehindert durch, weil sie wunderschön war. Wir Liebhaber des Pittoresken beklagen, obwohl wir nichts von Chiliasten haben, daß diese Fabel nicht wahr ist, die darstellt, wie die Menschen dem Tod in die Arme sinken und das Dasein aufgeben, wie man ein altes zerlumptes Kleid aufgibt.

Es scheint, daß Levasseur in seinen „Annales de l'église cathédrale de Noyon" der erste gewesen ist, der die Sätze Glabers dementsprechend interpretierte, als er eine Erklärung für den Bau der Kathedrale gab, deren Geschichte er im Jahre 1633 schrieb. Sauval tat in seinen „Antiquités" das gleiche, als er die Pariser Kirche Notre-Dame behandelte.

Im Jahre 1690 erschien eine neue Ausgabe der Chronik des Trithemius, der um das Jahr 1516 gestorben war. In diese neue Ausgabe wurden die erwähnten Äußerungen aufgenommen, die in den ersten Auflagen nicht vorhanden sind.

Je häufiger die Legende weitergegeben wird, desto mehr nimmt sie an Gewicht zu, bis ein genialer Mann kam und sie endgültig ausprägte: Robertson in seiner „Geschichte Karls V." oder, genauer gesagt, in der ausführlichen Vorrede über den Gang der Menschen durch Zeit und Raum.

Seitdem stellte sie niemand in Frage, und alle, die über jene Epoche schrieben, wiederholten sie. Dichter und Schriftsteller griffen sie auf und machten daraus Gedichte und Erzählungen.

Michelet beginnt, wie wir gesehen haben, mit ihr den zweiten Band seiner Geschichte Frankreichs.

Nachwort

für ANASTASIO GAETANO
„auf anmutige Art, die Zeit zu vergeuden"
(Ortega an Curtius, v. 15. Okt. 1949)

Am Werk Ortega y Gassets ist immer wieder die Vielfalt seiner Themen bemerkt und bewundert worden, sowie ihre erstaunlich elegante Präsentation im Essay; dieses assoziative Reflektieren und Meditieren prüft, zweifelt und provoziert eher, als es kategorisch Abschließendes, Definitives intendiert. Dabei trübt keineswegs ein unverbindlich Beliebiges in der Botschaft die Spannung seiner Lektüre, denn, und so hat es auch Octavio Paz erlebt, sein Werk „lädt uns nicht zum Bleiben ein, sondern zum Spaziergang".[1]

Ortega ist stets auf der Suche nach dem Leben, er will, wo er kann, das Lebendige hervorheben und bewahren; natürlich auch im Geistigen und Intellektuellen will er das eingreifend Kritische – die *razón vital* – freihalten von Überwucherungen des tot Dogmatischen, des trist Ideologischen, das immer wieder dem Wissenschafts- und Kulturbetrieb naherückt, und zwar gleichermaßen unter verschiedenen politisch-gesellschaftlichen Umständen.

Gegen die „bigotte Kulturseligkeit der modernen Welt"[2] hat sich Ortega vom Anbeginn seiner literarischen Tätigkeit gewandt. „Die Wahrheit, die Wirklichkeit, das Leben", so markierte Ortega früh schon seine philosophisch-methodologische Leitidee des Perspektivismus, „bricht sich in unzähligen Facetten, deren jede sich einem Individuum entgegenwendet. Bleibt dieses seinem Blickpunkte treu, widersteht es der ewigen Versuchung, sein Auge mit einem imaginären zu vertauschen, so wird das von ihm Gesehene ein wirklicher Aspekt der Welt sein."[3]

Jene Vielseitigkeit und außerordentliche Findigkeit seiner intellektuellen Begabung offenbart Ortega bereits in seiner – verschollen geglaubten – akademischen Frühschrift „Die Schrecken des Jahres eintausend". Diese Ar-

87

beit ist keineswegs das übliche Entreebillett eines mehr oder weniger Mediocren in die Sekurität einer überwiegend resonanzlosen Universitätskarriere.

Vielmehr zeigt sich hier schon ein geistreicher, scharfsinniger Kritiker, der souverän und flink mit geistesgeschichtlichen Stoffen umzugehen versteht und der beeindruckend sichere Urteile gegen jeweilige Fachautoritäten (hier namentlich Jules Michelet) wagt. Auch gibt sich hier schon der elegante Schriftsteller und Stilist zu erkennen, dessen mitunter exotische Themen, Einfälle und Farbigkeit uns später noch so oft faszinieren werden: „Ob er von Andalusien spricht oder von der argentinischen Frau, vom Madrider Golfplatz oder von einem Restaurant in Biarritz – seine Sätze schnellen ab wie Pfeile und treffen mitten ins Ziel. Wir haben das Gefühl, alle Dinge zum erstenmal zu sehen, und zugleich das andere, sie in ihrer wahren Gestalt zu sehen."[4]

Die Geschichte ist die große Passion Ortegas; bis zum Ende hat er immer wieder Annäherungen an die Vernunft im Historischen unternommen. Allerdings ist Ortega, was er selber einmal von Azorín gesagt hat, „das genaue Gegenteil eines Geschichtsphilosophen: Er ist ein Geschichtsempfinder."[5]

Bei der Wahl seines Promotionsthemas fielen Ortega die kontroversen fachwissenschaftlichen Stellungnahmen hinsichtlich der Intensität der Weltuntergangsstimmung für das Jahr eintausend auf; mit R. Rosière[6], H. v. Eikken[7], C. Roy[8], P. Orsi[9] u. a. hält Ortega jene in der zeitgenössischen Geschichtsschreibung in Frankreich vor allem bei Michelet (und in Deutschland u. a. auch bei Lamprecht) noch verbreiteten Vorstellungen einer Endzeit- oder Panikstimmung im Millenium, womöglich gar als der „großartigsten Hysterie, die jemals die Welt erlebt hat"[10], für quellenkundlich ungesichert.

„Wir sind alle mehr oder weniger Romantiker", so hatte Michelet in jungen Jahren seinem Tagebuch anvertraut; jener Romantismus aber – (anders als in Deutschland) politisch durchaus antiklerikal und demokratisch – ist nun Ortega y Gasset nicht nur in der Musik verhaßt. In

seinem Essay „Musicalia" [1921] moniert er jene Geistes-
haltung als eine verächtliche und vor allem unintelli-
gente „Nachkommenschaft, die von den politischen und
ideologischen Revolutionen des 18. Jahrhunderts in die
Welt gesetzt wurde"[11], verstellt dies doch allenthalben
den Blick auf die Logik der Phänomene. Was hier nottut,
ist „lateinische Klarheit"[12]. Die aber läßt die imaginative
Einbildungskraft des Historikers Michelet durchaus fehlen, so die Kritik des jungen Doktoranden Ortega; und
speziell in seinem Bild vom Mittelalter bleibt der bedeutende Mann durchaus mythenanfällig, denn: „Das ganze
Mittelalter hindurch wartet Michelet ungeduldig auf die
Renaissance."[13]

Währenddessen hebt Ortega auf die dokumentierbaren
Lebens- und Bewußtseinslagen der feudalen Gesellschaft
ab, auf die Machtkonstellationen zwischen Territorialkir-
che, apostolischem Stuhl und Kaisertum. Aber er hat natürlich auch einen Sinn für die ideologischen Formen
der jeweiligen Herrschaftsverhältnisse (namentlich in Jurisdiktion und Wirtschaftsführung) und ihre Amalgamie-
rung mit biblischer (vor allem alttestamentlicher) Meta-
phorik und Symbolik, die natürlich Milleniumsphanta-
sien mit beförderten.

So ist der (gesalbte, d. h. geweihte) König ‚Imago Dei'. –
Karl d. Gr. nannte sich ‚neuer Daniel', und das Volk, das
von diesem gesalbten König geleitet wurde, „war das
auserwählte Volk, ein neues Volk Israel (...), die Über-
einstimmung zwischen Karolingerkönigen und römi-
scher Kirche verglich man mit dem Alten Bund zwischen dem Volk der Juden und Gott."[14]

Aber aus Bibelexegesen (einschließlich der Apokalypse)
waren auch Sinngebungen für die irdischen Lebensver-
hältnisse ableitbar, so etwa, als der Mönch Haimo [vgl.
Ortega, S. 31] aus Off. Joh. (3,18) zeitübergreifende
Strukturformen für menschliche Gesellschaften erkennt,
und „die Trifunktionalität des Volkes – die der Priester,
die der Krieger und die der Bauern – zur Sprache gebracht hat."[15] Augenfällig war eine gesellschaftliche Hysterie (als eine verständliche Reaktion auf unverständ-
liche Umbrüche und Verwerfungen im Leben der

Menschen) wohl vor allem bei denjenigen besonders stark, die sich, von den eigenen soteriologischen Phantasien und Kompetenzen überwältigt, selber als die Bußfertigen, die Unbefleckten und Unbestechlichen (miß-) verstehen; jene also, die immer schon zur jeweils endgültigen Gesundung einer wirren Welt bereit sind und die [es gibt sie fast schon vor jedem Saeculum verschieden kostümiert] das Menschengeschlecht aufteilen in jene „Elite der *maiores*, der ‚Vollkommenen‘ ... der Reinen, und die Unreinen, ... die ‚bösartigen Menschen‘. Dennoch riß die Strömung nicht alles mit. Viele blieben mit den Füßen auf dem Boden.“[16]

Nun, die Schreckensnacht verging wie jede andere auch, und Ortegas Blick fällt künftig auf das – mit Walter Benjamin gesagt – was Wirkliches dem Gefürchteten innewohnt.

War der Schrecken vor dem Jahr eintausend schnell verklungen, so begann nun ein Jahrtausend des Schreckens.

Die mit dem Schrecken Davongekommenen machten sich (noch in den ersten Jahrzehnten des neuen Jahrhunderts!) sogleich an dreierlei: Blieb das himmlische Jerusalem vorerst aus, so brach man nun ins irdische Jerusalem auf – die Kreuzzüge begannen; und auch im Innern des Abendlandes imitierte man höhere Gerechtigkeit – gegen die Unreinen, d. h. zunächst gegen die Ketzer mit neuartigen Autodafés und gegen die Juden mit schaurigen Pogromen. Aber die unterschiedlichen Visionen jenes ‚imaginären Auges‘ vom Gottesstaat kommen und gehen, die Erde jedoch bleibt die Erde und mit ihr glückende oder mißratende Versuche menschlicher Selbsterhaltung. Kurz: das Leben als das der vielen sinnlichen menschlichen Geschichten bleibt das Thema von Ortega y Gasset, daran bewährt sich dann auch seine Idee des Perspektivismus.

Worüber Ortega auch spricht, er spricht über Spanien, von der Europäisierung der Iberischen Halbinsel. Sein akademisches Debut, diese Arbeit zur mittelalterlichen Mentalitätsgeschichte, hat daher den Rang einer Grundlegung für seine künftigen Arbeiten an der Spanien-Frage, denn: „Das Geheimnis der großen spanischen Probleme liegt im Mittelalter. Sein näheres Studium löst den Irrtum auf, als seien die Lebenskräfte unseres Volkes nur in den letzten Jahrhunderten brüchig geworden, ... und [daß] die spanische Nation, kurz gesagt, an einem Fehler der Anlage krankt."[17]

In den zehn Jahren zwischen seiner Dissertation (1904) und seinem ersten für den Buchhandel publizierten Band, die „Meditationen über Don Quijote" (1914), bereitet er die Wege zur Erneuerung der spanischen Kultur vor; er organisiert jetzt die mentalen und medialen Formen und Mittel ihrer Entfaltung, in Publikationen, durch Vorträge, durch einen exzessiven Journalismus und nicht zuletzt durch die Gründung der – noch heute erscheinenden – Zeitschrift „Revista de Occidente" (1923).

Dieses Erneuerungsprogramm ließe sich in dem Diktum zusammenfassen: ‚Spaniens Rettung – das ist der Begriff‘[18]; darin liegt die philosophisch-methodologische Überzeugung, daß nur das gedanklich Verarbeitete handhabbar unser Besitz ist, daß Klarheit und Wahrheit nur über den Begriff (intersubjektiv) realisierbar und mitteilbar bleibt und daß die logische Gestalt einer Sache notwendig erst den geistigen Umgang mit ihr ermöglicht.

Die substantiell neuen Bildungselemente, die Ortega damit in dieses Erneuerungsvorhaben einbringt, kommen aus der deutschen Philosophie.

Nach seiner Verteidigung macht Ortega eine mehrjährige Bildungsreise nach Deutschland; hier lernt er in Berlin (bei G. Simmel), Leipzig (bei W. Wundt) und vor allem in Marburg (bei H. Cohen und P. Natorp) die analytische Systematik der kritischen Philosophie Immanuel Kants kennen.

Das erweitert entscheidend seine kulturphilosophischen Potenzen und Dimensionen; darüber hinaus wird Ortega durch diesen Deutschland-Aufenthalt zum nachdrücklichen und einflußreichen Mittler deutscher Geistigkeit im spanischen und iberoamerikanischen Kulturkreis. Noch im Alter gab er etwa (1951) dem jungen Octavio Paz den Rat: „Lernen Sie deutsch und fangen Sie an zu denken. Alles andere können Sie vergessen."[19] Am Ende dieser ersten Schaffensperiode Ortegas stehen dann die beiden großen Spanien-Bücher „España invertebrada" (dt. „Aufbau und Zerfall Spaniens", 1921) und „Die Aufgabe unserer Zeit", 1923.

1 O. Paz, Zwiesprache, Frankfurt am Main 1984, S. 167

2 E. R. Curtius, Kritische Essays zur europäischen Literatur, Frankfurt am Main 1984, S. 284

3 J. Ortega y Gasset, Wahrheit und Perspektive. In: ders., Gesammelte Werke, Stuttgart 1978, Bd. 1, S. 16 f. [im folgenden als GW zitiert]

4 E. R. Curtius, a. a. O., S. 275

5 J. Ortega y Gasset, Azorín oder die Reize des Alltäglichen. GW, Bd. 1, S. 112

6 Vgl. R. Rosières, La légende de l'an mil. In: Revue politique et littéraire, Nr. 39 v. 30. März 1878

7 H. v. Eicken, Die Legende von der Erwartung des Weltuntergangs und die Wiederkehr Christi im Jahre Tausend. In: Forschungen zur deutschen Geschichte, Bd. 23 (1883), S. 305–318

8 J. Roy [vgl. Bio-bibliograph. Register]

9 P. Orsi [vgl. Bio-bibliograph. Register]

10 P. Th. Hoffmann, Der mittelalterliche Mensch, Gotha 1922, S. 33. Inzwischen gilt als gesichert: „Die historische Forschung hat mit dem Mythos von der Weltuntergangsstimmung des Jahres Tausend aufgeräumt. Er beruhte auf einigen wenigen Quellen, die zudem aus einer späteren Zeit stammten als aus der, deren Schrecken sie zu beschwören suchten." (J. Delumeau, Angst im Abendland. Die Geschichte kollektiver Ängste in Europa. Reinbek b. Hamburg 1989, S. 312). Vgl. auch: E. Pognon, L'An mille, Paris 1947

11 J. Ortega y Gasset, Musicalia. In: ders., Ästhetik in der Straßenbahn, hg. v. K. Barck u. St. Dietzsch, Berlin 1987, S. 117; und: „Michelets ‚Lyrismus' hängt weniger mit seiner Subjektivität als mit der logischen Struktur seiner Aussage zusammen (…) und gerade dies erklärt bei ihm die Störungen der diskursiven Rationalität." (R. Barthes, Michelet, Frankfurt a. M. 1980, S. 10 f.)

12 J. Ortega y Gasset, Meditationen über Don Quijote. In: ders., Ästhetik in der Straßenbahn, a. a. O., S. 20

13 E. Wilson, Auf dem Weg zum Finnischen Bahnhof. Über Geschichte und Geschichtsschreibung, Frankfurt a. M. 1974, S. 24

14 P. Riché, Die Karolinger. Eine Familie formt Europa, München 1991, S. 354; vgl. auch: P. Riché, Le mythe des terreurs de l'an mille. In: Terreurs de l'an 1000, Paris 1967

15 G. Duby, Die drei Ordnungen. Das Weltbild des Feudalismus, Frankfurt a. M. 1986, S. 166; vgl. auch G. Duby, L'An mil, Paris 1967

16 G. Duby, Die drei Ordnungen, a. a. O., S. 216 u. S. 240 f.

17 J. Ortega y Gasset, Aufbau und Zerfall Spaniens. GW, Bd. 2, S. 68 f.

18 Vgl. J. Ortega y Gasset, Meditationen über Don Quijote, a. a. O., S. 36 f.

19 O. Paz, Zwiesprache, a. a. O., S. 178

Zu dieser Ausgabe

Die vorliegende Arbeit wurde als Dissertation am 15. Dezember 1904 von der Fakultät für Philosophie und Literatur der Universität Madrid angenommen; die Prüfungskommission (J. Ortega y Rubio, E. de Hinojosa, C. Ortega Mayor, A. Ovejero u. A. García Moreno) bewertete sie mit dem Prädikat „summa cum laude" [sobresaliente].

Die Druckfassung dieser Arbeit: LOS TERRORES DEL AÑO MIL. Crítica de una Leyenda. Madrid: Establecimiento Tipográfico de El Liberal [Marqués de Cubas, 7] 1909, 59 S. liegt unserer Übersetzung zugrunde.

„Als mein Vater einundzwanzig Jahre alt war", so schrieb Soledad Ortega [im Brief v. 17. Sept. 1991 an St. Dietzsch u. U. Kunzmann], „war die Praxis der Verleihung eines Doktorgrades an der spanischen Universität ganz anders als heute. Es war noch nicht erforderlich, hochspezialisierte Materialien zusammenzutragen und die darauf basierende Arbeit zu verteidigen, was heute zwei oder drei Jahre ernste Arbeit voraussetzt. Es genügte damals auf geisteswissenschaftlichem Gebiet im allgemeinen eine kurze Arbeit mehr literarischen Charakters ohne viel dokumentarisches Beweismaterial und Forschungsleistung. Allerdings mußte die Arbeit gedruckt übergeben werden. Insofern war es eine reine Formsache, daß mein Vater diesen Text drucken ließ; und zwar nicht in der Druckerei von ‚El Imparcial', der Zeitung der Familie Gasset, sondern bei der anderen Zeitung, die in Konkurrenz zu ihr stand – ‚El Liberal', die der Familie Moya gehörte. Trotz der Konkurrenz waren die menschlichen Beziehungen in dem kleinen Madrid von damals sehr eng, und wahrscheinlich haben sie [die Moyas] ihm diesen Gefallen schneller erwiesen, als es die Druckerei der eigenen Zeitung hätte tun können."

Diese Erstlingsschrift von Ortega y Gasset ist seither nicht wieder publiziert worden, weder als Separatum, noch wurde sie jemals in eine Werkausgabe (Gesamt- oder Auswahlausgabe) aufgenommen, und sie ist bisher auch noch nicht in eine andere Sprache übertragen worden.

Für die Erlaubnis, das literarische Debüt von Don José Ortega y Gasset hier erstmals in deutscher Sprache veröffentlichen zu dürfen, möchten wir uns sehr herzlich bei Frau Soledad Ortega, der Präsidentin der „Fundación José Ortega y Gasset" in Madrid, bedanken.

Im Anhang unserer Ausgabe kann man sich im ‚Bio-bibliographischen Register' über personelle und forschungsgeschichtliche Konstellationen weiter informieren, die im Text Ortegas meist nur kurz angedeutet sind.

Eingriffe des Herausgebers werden mit [...] gekennzeichnet.

Berlin/Marburg, Aschermittwoch 1992   *Steffen Dietzsch*

Bio-bibliographisches Register

ABBO (940–1004)

Abt v. Fleury [heute: St.-Benoît-sur-Loire; bei Orléans], seit 988 maßgebliches, durch Cluny reformiertes Benediktinerkloster, auf der Synode v. Saint-Basle (991) Befürworter der klösterlichen Unabhängigkeit von bischöfl. Gewalt.

„Liber Apologeticus" (998; gegen Arnulf, Bischof v. Orléans); vgl. Vita S.Abbonis abbatis Floriacensis, in: Mabillon, J., Acta sanctorum ordinis St.Benedicti, Saecul. 6, Paris 1668/1701.

S. 31, 39, 41, 42, 44, 54, 82

ACCURSIUS, Francesco (1225–1293)

ital. Jurist in Bologna; seit 1273 im Dienste des engl. Königs Edward I. (u. a. 1278 Gesandter des engl. Königs beim Vatikan), seit 1282 wieder in Bologna

S. 12

ADALBERO II. (960–1005)

Bischof v. Metz (seit 984), zweiter Sohn v. Friedrich I., Herzog v. Lothringen; unterstützte die cluniazensische Klosterreform in Lothringen.

S. 63

ADELAIDE v. Poitou (gest. 1004)

Tochter v. Herzog Wilhelm (Werghaupt) v. Aquitanien und Berta v. Burgund; Gattin v. Hugo Capet (seit 970) u. Mutter v. Robert II. d. Frommen (970–1031).

S. 55

ADSO v. Montier-en-Der (910–992)

Mönch (seit 935) und Abt (seit 968) in Montier-en-Der; ab 990 Abt i. St.-Bénigne (Dijon); 992 Pilgerreise nach Jerusalem (unterwegs verstorben). Verfaßte auf Wunsch Gerbergas (Schwester Ottos d. Gr.) eine Schrift vom Kommen des Antichrist, die das eschatologische Denken des Mittelalters sehr beeinflußt hat.

„Libellus de Antichristo" (949/54).

S. 81

AIMOIN v. Fleury (965–1008)

Mönch in Fleury (seit 980), Historiograph u. Hagiograph; „Vita Abbonis"; „Gesta regum Francorum" [dieses Werk, auch „Historia Francorum", wird bis ins 13. Jh. fortgeschrieben].

Vgl. Miracles de Saint-Benoît. Les écrits par ... Aimoin, ed. v. E. de Certain, Paris 1858.

S. 42

ALKUIN (730–804)

Ltr. d. Domschule zu York [damals die bedeutendste Bildungsstätte Englands] seit 766; danach, seit 781, an der Hofschule Karls d. Gr.; ab 796 Abt v. St.-Martin in Tours.

„De Orthographia", „Grammatica", „De Dialectica", „De Virtutibus et Vitiis Liber".

S. 32

ANGELRANNUS [Angelram] (975–1045]

Sohn v. König Hugo Capet; Studium unter Fulbert v. Chartres. 1016/1020 Italienreise.

Abt d. Klosters Centula [heute: Saint-Riquier], seit 1022.

„Vita Richerii".

S. 35, 37

ARCHAMBAULD de Sully (gest. 1003)

Erzbischof v. Tours; Befürworter der (kirchenrechtlich umstrittenen) Heirat v. König Robert d. Frommen und Berta (1001).

S. 54

ARNULF (960–1021)

Erzbischof v. Reims (989/991 u. wieder ab 998); Nachfolger von Adalbero (gest. 989). Auf der Synode v. Saint-Basle 991 abgesetzt (zugunsten Gerberts v. Aurillac, des späteren Papstes Silvester II., der ihn dann 997 wieder einsetzte).

S. 43, 54

AUGUSTINUS (354–430)

Prediger (390) und Bischof (395) in Hippo Regius [in der römischen Provinz Africa]; namentlich seine Theologie d. Gnade ließ in der Erwartung des Milleniums die Angst wachsen; vgl. „Logik des Schreckens: Augustinus, De diversis quaestionibus ad Simplicianum" [v. 397], hg. v. Kurt Flasch, Mainz 1990.

S. 33, 35, 80

AURELIANUS (496–551)

Bischof v. St.-Apôtres i. Arles (546–551)

„Lebensbeschreibung des St. Martial".

S. 46

AVENEL, Georges, Vicomte d' (1855–1939)

frz. Historiker und Ökonom;

„Richelieu et la monarchie absolue", Paris 1884/1890 (4 Vol.), „Histoire économique de la propriété et des salaires des denrées et de tous les prix en général depuis l'an 1200 jusqu'en 1800", Paris 1895 (7 Vol).

S. 28

AVESNES, Jean, Comte d' (gest. 1212)
Sohn v. Bouchard u. Marguerite d'Av. [Tochter des Herzogs
v. Flandern, Balduin IX.].
S. 8
AYMARDUS [Aimard] (942–965)
3. Abt v. Cluny [Nachf. v. Odo], Vorgänger von Mayolus.
S. 32
BALDUIN II. (864–918)
Graf v. Flandern; Begründer des Territorialstaats Flandern.
S. 45
BASILEIOS II. (957–1025)
Kaiser v. Konstantinopel (976).
S. 64
BERNHARD v. Thüringen (um 960)
Eremit, verkündigte das Ende der Welt.
S. 82
BERNO (850–925)
Abt des Klosters Gigny-Baume (894) u. Gründungsabt von
St.-Pierre in Cluny (910).
S. 32
BERNO (gest. 1048)
seit 999 i. Fleury; Abt des Klosters Reichenau (seit 1008).
S. 37
BERTA v. Burgund (965–1010)
Tochter v. König Konrad v. Burgund, Gattin v. Graf Odo I. v.
Blois-Tours-Chartres (980–996); nach dessen Tod verh. mit
Robert II. d. Frommen u. damit Königin v. Frankreich (997).
Gegen diese Ehe erhob sich päpstlicher Protest (wegen zu
enger Verwandtschaft), Exkommunikation 998; 1003 Schei-
dung; 1010 hat Robert beim Papst Sergius IV. nachträglich
noch um die Rechtmäßigkeit dieser Ehe nachgesucht.
S. 6, 53, 54, 55, 57,58, 61
BERTA mit dem großen Fuß (gest. 783)
Mutter v. Karl d. Großen.
Heldin eines frz. Romans v. Ende des 13. Jh. [„Berte aus grans
piés" v. Adenet le Roi; B., die Tochter d. Königs v. Ungarn,
wird mit Pippin d. Kurzen vermählt; eine Magd nimmt in der
Hochzeitsnacht Bertas Platz ein, u. die Braut soll heimlich ge-
tötet werden; die Mörder haben Mitleid u. lassen B. im Wald
von Le Mans frei. Ritter Pippin trifft das Unglückskind eines
Tages im Wald, und deren große Füße beglaubigen dann die
echte Braut].
S. 55

BOETHIUS [Anicius Manlius Severinus B.] (480–524)
Konsul d. Ostgotenkönigs Theoderich (510) in Ravenna; „De consolatione philosophiae".
S. 33, 39

BONIFATIUS VII. [eigentl. Franco] (gest. 985)
Papst (Juni/Aug. 974, Sommer 980–Mai 981 u. wieder seit April 984), er ließ die jeweiligen Amtsvorgänger, Benedikt VI. (974) u. Johannes XIV. (984), ermorden. Von den Zeitgenossen deshalb auch ‚Maleficius' genannt.
S. 43

BOUCHARD le Vénérable (935–1005)
Graf v. Vendôme, Paris, Corbeil u. Melun; Anhänger u. Ratgeber (seit 987) Hugo Capets. Verheiratet mit Elisabeth, der Witwe Haimos.
Unter Robert d. Frommen ging sein Einfluß zurück, da er ein Gegner des Hauses Blois war.
S. 23

BRUSSEL, Nicolas (gest. 1750)
frz. Jurist u. königl. Rat.
„Nouvel examen de l'usage général des fiefs en France", Paris 1727 (2 Vol.).
S. 12, 13

CHLOTHILDE (um 940)
Bauernmädchen aus Lothringen.
S. 75

DAMIANI, Petrus (1007–1072)
seit 1036 Einsiedler-Mönch in Fonte Avellana (bei Gubbio), gründete zahlreiche Eremiten-Kolonien in Umbrien; bedeutender Kirchenreformer (1045).
Verf. einer Vita des Abtes Odilo v. Cluny.
S. 55

DUMOULIN, Charles (1500–1566)
bed. franz. Jurist
„Commentaire sur l'édit du roi Henri II" (1539, 1554)
S. 14

EBERHARD [Ébrard] (990–1032)
Abt in Marmoutier (seit 1015).
S. 63

EINOLD [Eginold] (gest. 973)
Archidiakon d. Domkapitels v. Toul, Abt v. Gorze (933).
S. 35

ELISABETH
Tochter von Robert d. Frommen, erste Gattin v. Fulco Nerra

v. Anjou. [Zur zitierten Legende vom gewaltsamen Tod E.s., vgl. Chroniques des comtes d'Anjou, recueillies et publ. p. Paul Marchegay et André Salmon, Einführung v. Emile Mabille, Paris 1856/1871].
S. 60

FLORUS v. Lyon [Drepanius] (780–860)
Diakon, Dichter; Gegner des Johannes Scotus (Eriugena). „Nachträge zu Bedas Martyrologium"; „Liber de praedestinatione".
S. 46

FROTARIUS I. (850–888)
Abt v. St.-Hilaire in Poitiers (868) u. Bischof (872); Erzbischof v. Bourges.
S. 31

FROTMUND [Froumund] (960–1012)
Mönch am Tegernsee, in Köln (990) u. Feuchtwangen (995). Erzbischof v. Troyes u. Graf v. Sens; Vater v. Reinhard (Rainard).
S. 20

FULBERT v. Chartres (960–1028)
Philosoph (Neuplatoniker), Schüler v. Gerbert [Silvester II.] in Reims.
Bischof (990) in Chartres, Begründer d. Schule v. Chartres (bed. Schüler u. a. Angelrannus v. St.-Riquier u. Berengar v. Tours).
S. 62

FULCO NERRA (972–1040)
Graf v. Anjou (seit 987), einflußreicher, erfolgreicher u. treuer Anhänger der Capetinger [im Kampf mit dem Haus der Blois 992–1026]. Bedeutende Klostergründungen.
S. 6, 31, 45, 53, 54, 57, 59, 60, 73

FULCO (gest. 900)
Mönch im Kloster Githin, dann als Nachfolger von Hinkmar [806–882] Erzbischof v. Reims (883–900), seit 875 am Hofe Karls d. Einfältigen; Erzkanzler (898); auf Veranlassung Balduins II. ermordet.
S. 45

FULRADUS (730–784)
Abt v. St.-Denis (750), oberster Kaplan Pippins d. J. u. Karls d. Gr.
S. 31

GEOFFROI II., Martel [Godfried] (1006–1060)
Comte d'Anjou (seit 1040); Sohn v. Fulco Nerra (987–1040).

Verh. m. Agnes, d. Witwe Wilhelms v. Aquitanien (1032).
Gründer d. Klosters Trinité in Vendôme.
S. 60

GERBERGA (913–969)
Königin v. Frankreich (939).
Tochter König Heinrichs I. u. Mathildes, Schwester Ottos I.
Heirat mit Ludwig IV., König v. Frankreich.
S. 81

GERBERT v. Aurillac (945–1003)
Studium in der Benediktinerabtei St.-Géraud in Aurillac (bis
967) u. bei Bischof Hatto in Vich (bei Barcelona); 970 nach Rom.
Sein bedeutendster Schüler war Fulbert (960–1028), der Begründer der Schule v. Chartres.
Erzbischof v. Reims (991/996) u. Ravenna (998); unter seiner
geistlichen Leitung wird Hugo Capet gekrönt (987). Als
Nachfolger v. Papst Gregor V. seit 999 [der erste französi-
sche] Papst Silvester II.; „Œuvres de Gerbert", ed. v. Alexan-
dre Olleris, Paris 1867; „Lettres de Gerbert (983–997)", ed.
v. Julien Havet, Paris 1889.
S. 6, 31, 32, 38, 40, 47, 53, 59, 61, 62, 63, 64, 65, 66, 69

GERVINUS I. [Saint-Gervin] (gest. 1075)
Benediktiner, seit 1025 in St.-Vanne (Verdun). 23. Abt v.
Saint-Riquier (seit 1045), Nachfolger des Angelrannus.
S. 35, 37

GLABER, Radulfus (995–1050)
Mönch in St.-Bénigne zu Dijon (1015/30), St.-Germain in
Auxerre, in Cluny u. Moutiers (1040); ging 1028 mit Abt Wil-
helm (aus Dijon) nach Italien. Namhafter Chronist u. Bio-
graph.
„Les cinq livres de ses histoires" [1048], ed. v. Maurice Prou;
„Vita Wilhelmi" [Abt v. St.-Bénigne].
S. 6, 20, 36, 48, 56, 67, 68, 69, 71, 72, 73, 77, 80, 83, 85

GLASSON, Ernest-Désiré (1829–1907)
namhafter frz. Rechtshistoriker; Prof. d. Rechtswiss. in Paris
(seit 1867), École des sciences politiques (1874), Mitgl. d.
Académie des sciences morales et politiques ('82), Légion
d'honneur ('84).
„Les communaux et le domaine rural à l'époque franque", Paris 1890; [Ortega zitiert dieses Werk].
„Le Droit de succession au Moyen âge", Paris 1890; „Élé-
ments du droit français considéré dans ses rapports avec le
droit naturel et l'économie politique", Paris 1884; „Histoire
du droit et des institutions politiques, civiles et judiciaires de
la France depuis l'origine jusqu'à nos jours", Paris 1882/83;

„Histoire du droit et des institutions de France", Paris 1887/1903 [Bd. 3: Époque Franque, Paris 1889].
S. 12, 13, 16, 21, 24, 30

GODEL, William (um 1124)
Mönch zu Limoges, Chronist.
S. 83

GUILLAUME de Jumièges [‚Calculus'] (11. Jh.)
Wilhelm v. Volpiano; Benediktiner, seit 1004 in St.-Pierre in Jumièges (bei Rouen), Chronist.
„Histoire des ducs de Normandie" (1072), 8 Bde., das fundamentale Werk f. d. Kenntnis des 11. Jh. [vgl. Patrologia Latina, Bd. CXLIX].
S. 23, 24

HAIMO (990–1024)
Bischof v. Verdun.
S. 31

HARNULFUS (1060–1143)
Mönch u. Abt v. Saint-Riquier; danach 1105 Abt v. St. Petri i. Oudenbourg (b. Brügge). Chronist u. Biograph; „Chronicon centulense" (1088) [in: Recueil des historiens de France, X]. „Vita Gervini" [des Abtes v. Saint-Riquier (Centulum)].
S. 37

HATTO
Bischof von Vich in der Spanischen Mark.
S. 62

HEINRICH I. Capet (1008–1060)
2. Sohn v. Robert d. Frommen u. Konstanze v. Arles, seit 1027 Mitregent. König v. Frankreich (seit 1031).
S. 72

HELGALDUS (gest. 1048)
Benediktiner im Kloster Fleury, unter Abt Goscelin (seit 1033). Chronist und Biograph König Roberts II. des Frommen. „Epitome vitae Roberti regis" [vgl. Patrologia Latina, Bd. CXLI, 1844, S. 909–956].
S. 51, 57

HERIBERT (gest. 943)
Graf von Vermandois und Troyes; einer der mächtigsten Feudalherren Nordfrankreichs. Er ließ seinen fünfjährigen Sohn Hugo zum Erzbischof von Reims ernennen, wie der Chronist Richer berichtet.
S. 44

HUGO v. Beauvais (gest. 1008)
aus dem Hause Blois, Pfalzgraf v. Bourgogne; in den Abteien St.-Magloire in Vauperreux (1008) u. Ste.-Croix in Orléans.
S. 57, 61

HUGO CAPET (940–996)
  Herzog v. Francien (960), Vater v. Robert dem Frommen.
  König v. Frankreich seit 987; Begründer der Dynastie d. Ca-
  petinger.
  S. 29, 38, 50, 53, 62, 64
HUGO I. v. Semur (1024–1109)
  6. Abt v. Cluny (seit 1049); Nachfolger v. Abt Odilo. Heilig-
  sprechung 1120.
  S. 73
JOHANNES XII. (937–964)
  Octavian (Sohn Alberichs), Papst (955–964), von Kaiser Otto
  I. abgesetzt.
  S. 43
JOHANNES XIV. (gest. 984)
  Bischof Petrus v. Pavia (seit 970), als Nachfolger v. Benedikt
  VII. Papst (983/84); sein Ende war, wie das vieler ‚kaiserli-
  cher' Päpste, gewaltsam.
  S. 43
JOHANNES XV. (gest. 996)
  Papst (985–996).
  S. 38, 42, 43
JOURDAIN (1029–1051)
  Bischof v. Limoges.
  S. 47
KARL DER GROSSE (742–814)
  König v. Frankreich seit 768;
  Feldzüge gegen das islamische Spanien u. die Sachsen
  (772–804). Der ‚Vater Europas'.
  S. 29, 79
KARL II., der Kahle (823–877)
  König v. Aquitanien (seit 848), 875 in Rom zum Imperator
  gekrönt.
  S. 13, 14
KARL v. Lothringen (953–991)
  Sohn von König Ludwig IV. [‚Ultramarinus'] v. Westfranken
  u. Gerberga [der Schwester Ottos I.]; Rivale seines Bruders,
  König Lothars (954–986); aus Francien entfernt wurde er
  Herzog v. Niederlothringen.
  S. 63
KONSTANTINOS VIII. (961–1028)
  2. Sohn des Kaisers Romanos II.; nach dem Tod seines Bru-
  ders Basileios II. Kaiser v. Konstantinopel (seit 1025).
  S. 64

LE VASSEUR, Jacques (1571–1638)
    frz. Theologe, Rektor der Sorbonne (1609) u. Dekan d. Kathedrale v. Noyon (1616)
    „Annales de l'église cathédrale de Noyon", Paris 1633/34 (3 Bde.); „Lettres", Paris 1623 (8 Bde.).
    S. 85
LIÉTRY [Leothericus] (gest. 1032)
    Erzbischof v. Sens (um 1000); an der Krönung Roberts II. (des Frommen) 1017 in St.-Corneille zu Compiègne beteiligt [neben Arnulf v. Reims u. Hugo v. Tours].
    Von Johannes XVIII. exkommuniziert.
    S. 20
LUDWIG der Fromme (778–840)
    König v. Aquitanien (781; als Dreijähriger von Karl d. Gr. ernannt); 813 Mitregent u. nach dem Tod v. Carolus Magnus seit 814 Kaiser.
    S. 30
LUDWIG IV., der Überseeische [‚Ultramarinus'] (921–954)
    Sohn v. Karl d. Einfältigen (gest. 929); als Kind in England aufgewachsen (beim König v. Wessex).
    Mit ihm kehren die Karolinger nach Frankreich zurück; er ist König v. Frankreich (ab 936), verh. m. Gerberga (der Tochter v. König Heinrich I.).
    S. 31
MABILLON, Jean (1632–1707)
    Benediktiner in Saint-Rémy zu Reims (seit 1654); Hg. der „Acta sanctorum ordinis St. Benedicti", Paris 1668–1701 (9 Bde.).
    S. 35, 36
MAGENARD
    Abt v. St.-Père i. Chartres (1003), Bischof v. Troyes, Nachfolger von Liétry in Sens (seit 1032).
    S. 44
MARTIN; Bon-Louis-Henri (1810–1883)
    frz. Historiker; Mitglied der Académie des inscriptions et belles-lettres (seit 1871) u. der Académie française (seit 1878).
    „De la France, de son génie et de ses destinées", Paris 1847; „Histoire de France", Paris 1833/36 [nouv. Ed. 1855/1860 in 16 Bden.]; „Dieu dans l'histoire", Paris 1867 [von Bunsen ins Deutsche übertragen].
    S. 10
MAYOLUS (934–994)
    Abt von Cluny (seit 954); unter seiner Herrschaft wurde

Cluny II errichtet. Bedeutender cluniazensischer Reformer (u. a. wurden von ihm die Klöster Mont-St.-Michel in der Normandie [961], Paray-le-Monial [973], Marmoutier [990], St.-Denis [994] u. Souvigny [994] in der Auvergne gegründet).

974 wurde ihm die Tiara angetragen (doch M. lehnte die Papstwürde ab).

S. 32, 34

MENÉNDEZ Y PELAYO, Marcelino (1856–1912)

span. Literaturwiss. u. Kritiker.

„Historia de la poesía castellana en la Edad Media", Madrid 1911/13.

S. 83

MICHELET, Jules (1798–1874)

frz. Historiker; Ltr. d. Nationalarchivs (1831), Collège de France (1838).

„Vies de Plutarque", „L'Idée de l'infini d'après Locke" [beide Arbeiten v. 1819 sind ‚Thèses']; „Origines du droit français", Paris 1835; „Histoire de France", Paris 1833/43 (6 Bde.); „Abrégé d'Histoire de France", Paris 1881 [Nouv. Ed.], 2 Bde.

S. 6, 8, 52, 78, 86

MONTALEMBERT, Charles Forbes de Tryon, Comte de (1810–1870)

frz. Politiker; Mitglied der Pairskammer (1835) u. der Académie française (1852).

„Die Mönche des Abendlandes, vom heiligen Benedikt bis zum heiligen Bernhard", Regensburg 1860/78, 7 Bde. [Üb. d. frz. Ausgabe, Paris 1860/78]; „Du catholicisme et du vandalisme dans l'art", Paris 1829.

S. 33, 37, 44

ODILO (962–1049)

Benediktiner, seit 994 Abt v. Cluny [neben Odo, Mayolus u. seinem Nachfolger Hugo (1049–1109) der vierte der bedeutenden Cluny-Äbte].

Seine Schriften: vgl. Patrologia Latina, Bd. CXLII, 1853, S. 831–1038.

S. 68

ODO (878–942)

Abt des Benediktinerklosters v. Cluny (seit 924); ursprünglich Knappe v. Herzog Wilhelm I. v. Aquitanien, der das Kloster Cluny 910 gegründet hat.

Odo wurde das geistige Schulhaupt von Cluny.

„Collationes", „Occupatio".

S. 32, 34, 39

ODO II. (gest. 1037)
   Graf v. Blois (seit 1004) u. d. Champagne (seit 1019); Sohn d.
   Königin Berta v. Burgund.
   In der Schlacht v. Bar-le-Duc (Lothringen) 1037 vom dt. König vernichtend geschlagen.
   S. 53, 57
OGGERIUS
   Freund v. König Robert II. dem Frommen.
   S. 52
ORIGENES (185–254)
   bedeutender Kirchenlehrer d. Altertums, der erste Dogmatiker des Christentums.
   Gesamtausgabe seines Werkes, hg. v. Lommatzsch, Berlin 1831/48.
   S. 80, 84
ORSI, Pietro (1863–1943)
   ital. Historiker, Prof. f. Geschichte in Potenza und Venedig.
   „L'anno mille" in: Rivista Storica Italiana (Turin), Vol. IV (1887), S. 1–56.
   S. 83
OTTO III. (980–1002)
   Kaiser v. Deutschl. (seit 983).
   S. 62, 66, 78
PARIS, Gaston-Bruno-Paulin (1839–1903)
   frz. Philologe u. Schriftsteller; Prof. am Collège de France (1868), Mitglied d. Académie des inscriptions (1876), d. École des hautes études (1885) u. d. Académie française (1896).
   „Histoire poétique de Charlemagne", Paris 1865; „La Littérature française au moyen âge (XI–XIV Siècle)", Paris 1888 (2. Aufl. 1890); [Ortega zit. dieses Werk]; „Poèmes et Légendes du moyen âge", Paris 1900 (1903, 1904).
   S. 9
PÉDAUQUE [Königin Pédauque]
   legendäre Figur (vielgebrauchtes Motiv in der frz. Sakralplastik).
   S. 55
PFISTER, Christian (1857–1933)
   frz. Historiker; École supérieure (bis '81); Prof. in Nancy (1885), der Sorbonne (1904) u. in Strasbourg (1919 Dekan, 1927–1931 Rektor). Légion d'honneur (1917).
   „Études sur le règne de Robert Le Pieux (996–1031)", Paris 1885 (Bibl. de l'École d. hautes étud. d. sciences phil. et hist.,

Vol. 64); alle Seitenangaben im Text beziehen sich auf diese Arbeit.

[D. i. Pfisters ‚Thèse‘ f. d. Fac. des Lettres Paris]. „Économies royales de Sully et Henri IV“ (1890), „Histoire de Nancy“ (1911).
S. 34, 40, 53, 57, 58, 63

PIPPIN III., der Kurze [‚le Bref‘] (715–768)
Hausmeier (741), König d. Franken (751–768), Vater Karls d. Gr.; der erste Karolinger.
S. 55

PORPHYRIOS (234–301)
Neuplatoniker in Rom (seit 262), nach Plotins Tod (270) Fortsetzer u. Systematiker der Philosophie seines Lehrers in Rom.
„Kategorien“ [d. i. Komm. zu Aristoteles’ KATEGORIEN, ed. v. Busse, Berlin 1895].
S. 35, 39

PRISCIANUS (5. Jh.)
aus Caesarea (Nordafrika); einer der wichtigsten Lehrer des Mittelalters, in Konstantinopel unter Anastasius (491–518).
„Institutiones grammaticae“, „De figuris numerorum“.
S. 34

PROU, Jean-Maurice (1861–1930)
frz. Archäologe, Bibliothekar der Nationalbibliothek (1884/99). Mitglied des Institut français; Mitglied d. Académie des inscriptions et belles-lettres (1910), Direktor d. École des chartes (1916). Légion d’honneur.
Hg. v. „Raoul Glaber, Les cinq Livres de ses Histoires“, Paris 1886; „Les Livres des Reliques de l’Abbaye de St.-Pierre-le-Vif“, Paris 1887.
S. 20

RAMNULFUS II. (gest. 890)
Graf v. Poitiers, Erzieher von Karl III., d. Einfältigen.
S. 63

RAYNALDUS (gest. 1016)
Sohn v. Bouchard le Vénérable; erster Kanzler der Capetinger (987/88) u. Bischof v. Paris (ab 992)
S. 23

REINHARD [Rainard] (gest. 1055)
Sohn v. Frotmund, Comte von Sens u. Rouci.
S. 20

RÉVILLE, Jean (1854–1908)
frz. protest. Theologe u. Historiker; Pastor i. Ste.-Suzanne (bei Montbéliard), Prof. f. christl. Kirchengeschichte an d. École pratique (1886) u. Prof. f. Patristik an d. Fak. f. prot.

Theologie d. École des hautes études. Mitglied d. Liga f. Menschenrechte.

„Logos d'après Philon" (1877); „Résurrection d'une Apocalypse: Le Livre d'Hénoch" (1894); „Les Origines de l'Épiscopat" (1894); „Paroles d'un Libre-Croyant" (1898) [Dt.: „Religiöse Reden", Berlin 1902].

S. 26, 27, 28

RICHARD II. der Gute (996–1026)

Herzog der Normandie, Anhänger Roberts II.

S. 23

RICHER (geb. 950)

Mönch in St.-Rémy (Reims) u. Chartres (1003);

„Histoire de France. 885–995" (995/998) [als Fortsetzung der „Annalen" Hinkmars, d. Erzbischofs z. Reims, um 830].

S. 25, 62

RIVADENEYRA, Manuel (1805–1872)

bed. span. Bibliothekar und Herausgeber

„Biblioteca de Autores Españoles" (72 Bde.); „El Vapor" (1832ff.)

S. 24

ROBERT I. der Teufel [der Prächtige] (gest. 1035)

Herzog der Normandie (seit 1027).

Namensgeber einer altfrz. Legende [vgl. die gleichnamige Oper v. Giacomo Meyerbeer].

S. 73

ROBERT II. der Fromme [Le Pieux] (970–1031)

geb. in Orléans; sein Vater, d. König Hugo Capet, erhebt ihn 987 zum Mitregenten; seit 996 König v. Frankreich. Robert erhebt 1027 seinen Sohn Heinrich zum Mitregenten.

Aus seinen drei Ehen – mit Suzanne (989), Berta (997) u. Konstanze (1003) – stammen aus der letzten die beiden Söhne Hugo (1007–1025) u. Heinrich (1008–1060); Heinrich ist dann König v. Frankreich v. 1031–1060.

Unter der Herrschaft von Robert Le Pieux werden am 28. Dezember 1022 in Orléans mehrere christliche Kleriker verbrannt, es sind dies die ersten Ketzerhinrichtungen des Abendlandes.

S. 6, 10, 23, 29, 38, 45, 46, 48, 50, 51, 52, 53, 54, 55, 56, 57, 58, 59, 62, 64, 72, 78

ROBERTSON, William (1721–1793)

Principal der University of Edinburgh.

„Histoire du règne de l'empereur Charles-Quint", Amsterdam 1771 [Ortega zit. Tome 1, S. 21f.].

S. 85

ROY, Claude-Jules-Victor (geb. 1844)
frz. Archivar u. Paläograph; Direktor der École pratique in
Paris (1881)
„L'An Mille, formation de la légende de l'an mille, état de la
France entre l'an 950 et l'an 1050", Paris 1884, 12 Bde.
S. 17, 31
ROZIÈRE, Eugène de (1820–1896)
frz. Archivar u. Politiker; Mitglied der Académie des inscrip-
tions et belles-lettres (1871) und des Collège de France
(1872), Inspecteur général des Archives (1881). Herausgeber
des „Recueil général des formules usitées dans l'Empire de
France du V au X siècle", Paris 1859/71, 3 Bde. [Ortega zit.
Bd. 1, 1859, S. 224].
S. 84
RUFINUS von Aquileia (gest. 410)
Übersetzer griechischer theologischer Werke und erster Kir-
chenhistoriker des Abendlandes; zunächst Freund und später
erbitterter Gegner des Hieronymus.
S. 33, 80, 84
SANKT ALPINIANUS (Mitte d. 3. Jh.)
Priester in Aquitanien u. Gefährte d. heiligen Martial in Li-
moges.
S. 46
SANKT AUSTRINIANUS (Mitte d. 3. Jh.)
Priester in Limoges und Schüler des heiligen Martial, [auch:
Stratochinianus].
S. 46
SANKT BENEDIKT (480–534)
Stifter d. Benediktinerordens u. Patriarch des Mönchtums im
Abendland; Begründer des Klosters v. Monte Cassino (529).
S. 32, 48, 72
SANKT HIERONYMUS (um 340–419)
lateinischer Kirchenvater; von ihm stammt die später „Vul-
gata" genannte Bibelübersetzung.
S. 33
SANKT MARTIAL (2. Hälfte d. 3. Jh.)
der erste Bischof v. Limoges [so vom Chronisten Gregor v.
Tours genannt]; angeblich blutsverwandt mit dem Erzmärty-
rer Stephanus.
S. 46
SAUVAL, Henri (1623–1676)
frz. Historiker und Jurist, in d. Abtei v. Saint-Germain-des-
Prés (Paris); juristischer Berater d. Königs.

„Histoire et recherches des antiquités de la ville de Paris", Paris 1724 (3 Bde.), [nouv. éd. 1733 u. 1750].
S. 85

SEGINUS (gest. 1000)
Erzbischof von Sens (978).
S. 41, 42

SERGIUS IV. (gest. 1012)
Bischof v. Albano, 1009 zum Papst gewählt.
S. 58

SEULFUS (gest. 925)
Erzbischof v. Reims, Nachfolger v. Fulco (900).
S. 44

STEFAN v. Orléans [Étienne] (gest. 1022)
Beichtvater d. Königin Konstanze; er gehörte zu den ersten christlichen Ketzergruppen im Abendland, die in Schauprozessen verurteilt und verbrannt wurden.
S. 48, 49, 58

STEPHANUS (1. Jh.)
Erzmärtyrer des christlichen Glaubens.
S. 47

SUZANNE (Rozala-S.) (gest. 1003)
Tochter v. Berengar II., Witwe Arnulfs v. Flandern; erste Gattin Roberts d. Frommen (989).
S. 53

SYRUS
Mönch in Cluny, Biograph;
„Vita sancti Maioli abbatis".
S. 34

TAINE, Hippolyte (1828–1893)
frz. Philosoph, Historiker u. Kritiker; Prof. f. Kunstgeschichte u. Ästhetik an der École des beaux-arts in Paris (1864), in Oxford (1871); Mitglied d. Académie française (1880).
„Les origines de la France contemporaine", Paris 1882/94.
S. 5

THEOBALD I. der Betrüger (908–978)
Graf v. Blois.
S. 10

THEOBALD (gest. 1089)
1037 Graf v. Blois (als Theobald III.) u. 1047, nach d. Tod seines Bruders Stephan II., Graf d. Champagne.
S. 57

THEODULPH v. Orléans (760–821)
bedeut. Gelehrter am Hofe Karls d. Gr. (seit Ende des 8. Jh.); Bischof v. Orléans (bis 817), danach ins Exil geschickt v. Ludwig I.

Seine Poetik ist eine wichtige Quelle f. d. karolingische Kulturgeschichte.
S. 32

TRITHEMIUS, Johannes (1462–1516)
deutscher Theologe u. Historiker [Johann Heidenberg], Benediktiner (1482).
„Annales Hirsaugienses".
S. 82, 85

VENDIEVRES, Jean de
S. 35

VICTORINUS, Caius Marius (4. Jh.)
aus Rom, Übersetzer d. Porphyrios; trat im Alter zum Christentum über.
„De trinitate" [vgl. dazu neuerdings: W. Steinmann, Die Seelenmetaphysik des Marius Victorinus, Hamburg 1990].
S. 39

VILGARDUS (gest. 970)
Grammatiklehrer aus Ravenna, der – wegen seiner positiven Aufnahme antiker Autoren (Vergil, Horaz, Juvenal) – der Ketzerei bezichtigt wurde [nach einem Bericht Rud. Glabers in seinen Fünf Geschichtsbüchern; am Ende des zweiten Buches (1046)].
S. 69

WILHELM I. (gest. 918)
Herzog v. Aquitanien (seit 890); stiftete 910 das Kloster Cluny, es war weltlicher bzw. bischöflicher Hoheit entzogen. Die Grundwerte v. Cluny waren: Besitzlosigkeit, Gehorsam, Schweigsamkeit, Demut, Enthaltsamkeit, Gastlichkeit.
S. 32, 73

WILHELM I. [der Eroberer] (1027–1087)
Sohn Roberts d. Teufels, Herzog d. Normandie (seit 1047). Eroberer Englands in der Schlacht b. Hastings (1066).
S. 73

WILHELM [Saint-Guillaume] (962–1031)
Benediktiner; Abt v. St.-Bénigne in Dijon (990) u. St.-Germain-des-Prés in Paris (1016); Beichtvater der Königin Konstanze u. jurist. Berater v. Papst Johannes XVIII. (1006).
„De vere bono et contemplatione divina".
S. 56, 68, 69, 71

WULFALD [Wulfinus v. Orléans]
Abt v. Fleury (er nahm 980 Abbo in Fleury auf); Grammatiker.
S. 39

Inhaltsverzeichnis